Lotte Bormuth

Und doch lacht mir die Sonne

Aus meinem Leben

FRANCKE
Verlag der Francke-Buchhandlung GmbH

Die Deutsche Bibliothek – CIP-Einheitsaufnahme

Bormuth, Lotte:
Und doch lacht mir die Sonne : aus meinem Leben /
Lotte Bormuth. – Marburg an der Lahn : Francke, 1999
(TELOS-Bücher : Nr. 7796 : TELOS-Taschenbuch)
ISBN 3-86122-392-9

35037 Marburg an der Lahn
Umschlaggestaltung: Reproservice Jung, Wetzlar
Texterfassung: Verlag der Francke-Buchhandlung GmbH
Satz: Druckerei Schröder, 35083 Wetter/Hessen
Druck: St.-Johannis-Druckerei, Lahr 32 364

TELOS-Taschenbuch Nr. 7796

Inhaltsverzeichnis

Und doch lacht mir die Sonne!

Vergiß es nie: Daß du lebst, war keine eigene Idee,
und daß du atmest, kein Entschluß von dir.
Vergiß es nie: Daß du lebst, war eines anderen Idee,
und daß du atmest, sein Geschenk an dich.

Du bist gewollt, kein Kind des Zufalls, keine Laune der Natur,
ganz egal, ob du dein Lebenslied in Moll singst oder Dur.
Du bist ein Gedanke Gottes, ein genialer noch dazu.
Du bist du, das ist der Clou, ja, der Clou. Ja, du bist du.
Vergiß es nie: Niemand denkt und fühlt und handelt so wie du,
und niemand lächelt so, wie du's grad tust.

Vergiß es nie: Niemand sieht den Himmel ganz genau wie du,
und niemand hat je, was du weißt, gewußt.

Vergiß es nie: Dein Gesicht hat niemand sonst auf dieser Welt,
und solche Augen hast alleine du.
Vergiß es nie: Du bist reich, egal, ob mit, ob ohne Geld;
denn du kannst leben! Niemand lebt wie du.

Jürgen Werth

Hoch schlagen die Wellen, und die Gischt spritzt auf. Die Wolken ziehen sich zu einer dunklen, drohenden Mauer am Himmel zusammen. Ein mächtiger Sturm zieht auf. Heute ist kein

Badetag, denn der rote Ball am Mast ist aufgezogen. So sitzen wir Kinder am Strand, bauen Burgen oder hüpfen voller Lebenslust über die auslaufenden Wellen, die sich in kleinen Rinnsalen über den Strand ausbreiten.

Das ist meine erste Erinnerung, die ich an das Schwarze Meer habe. Dort verlebten wir einen herrlichen Sommerurlaub. Drei Jahre alt mag ich gewesen sein, und noch heute höre ich das Rauschen der Wogen, sehe den Tiefflug der Möwen, erschaudere vor der Gewalt des aufbrausenden Sturmes. Das sind Erlebnisse, die sich mir tief eingeprägt haben. Für mich hat die See ihre Anziehungskraft nie mehr verloren. Jedes Jahr verbrachte unsere Familie mehrere Wochen am Schwarzen Meer. In den Sommermonaten reisten meine Eltern mit uns Kindern nach Budaki, einem Badeort. Die landwirtschaftliche Schule, an der mein Vater Professor war, hatte ihre Pforten geschlossen, denn die jungen Männer wurden dringend auf ihren Höfen bei der Ernte gebraucht. Während wir Kinder uns am Strand tummelten, hatte sich mein Vater ins Sommerhaus zurückgezogen, um wissenschaftlich zu arbeiten. Nur am Spätnachmittag erschien er am Meer, und dann war die Freude groß. Keiner konnte sich so gut mit uns in den Fluten vergnügen wie Vater. Am Strand spielten wir Fangen oder bauten Burgen, die wir mit großen und kleinen Muscheln verzierten. Am schönsten aber war es, wenn wir nach dem Baden auf einer bunten Decke lagen, uns in der Sonne rekelten und Vater Geschichten aus seinem Leben erzählte.

Spannende Geschichten

Es waren immer wahre Geschichten, und wir Kinder haben gelacht und geweint, waren gespannt und aufgeregt, haben gehofft und gebangt. Mein Vater war ein Meister im Erzählen. Was hat er alles mit seinem Hund Rappka erlebt! Dieses treue Tier wurde uns zu einem guten Freund. Es war oft so, als finge er die Hasen vor unseren Augen oder vertriebe die Viehräuber, und wir waren mitten unter den Herden. Stolz war ich auf meinen Vater, wenn er Rappka im Kampf mit einem Wolfshund aus seiner bedrohlichen Lage befreite und ihm dann seine Bißwunden verband. Ich litt mit diesem treuen Tier, bis Vater den befreienden Satz sagte: „Aber bis zur nächsten Hasenjagd waren alle seine Blessuren abgeheilt, und Rappka konnte noch schneller springen als zuvor."

Oder ich denke an die Geschichte von den siebenundzwanzig zerschlagenen Tellern. Vater entstammte einer großen Familie. Sechs Jungen und sechs Mädchen hatte seine Mutter geboren. Hinzu kamen noch Knechte und Mägde. Wieviel an der Zahl, das weiß ich nicht zu sagen. Im Sommer, wenn er von Sarata, wo er das Gymnasium besuchte, nach Hause kam, mußte er seiner Mutter im Haushalt helfen und die jüngeren Geschwister betreuen. Seine Brüder aber waren beim Ernten und Dreschen eingesetzt. So gehörte es zu seinen Pflichten, die Milch zu entrahmen, die Butter im Faß zu stoßen, den Brotteig zu kneten, den Backofen mit Stroh und ausgedroschenen Maiskolben zu schüren, das Wasser aus dem Dorfbrunnen zu holen, die Petroleumlampen zu putzen, die Sommerküche zu fegen, Enten und Gänse zu füttern, die Eier aus den Nestern zu holen und nach den Glucken zu schauen. Nach dem Essen stand immer ein Berg von Geschirr auf dem Tisch, das gespült und abgetrocknet werden mußte. Einmal passierte ihm bei der

Arbeit ein Mißgeschick. Während Vater einen Teller nach dem anderen abtrocknete und auf die etwas schräge Fensterbank stellte, sagte er das Gedicht vom Erlkönig auf:

„Wer reitet so spät durch Nacht und Wind?
Es ist der Vater mit seinem Kind.
Er hat den Knaben wohl in dem Arm,
er faßt ihn sicher, er hält ihn warm."

Immer höher stapelte er das Geschirr. Bei der siebten Strophe deklamierte er:

„Ich liebe dich.
Mich reizt deine schöne Gestalt.
Und bist du nicht willig,
so brauch' ich Gewalt."

Plötzlich gab es einen lauten Krach. Der hohe Stapel mit Tellern geriet auf der schrägen Fensterbank ins Rutschen, sie fielen auf den Boden und zersprangen in tausend Stücke. Sein Schrecken war groß. Seine Mutter – sie war eine resolute Frau – hatte das Klirren und den dumpfen Schlag gehört und erschien sofort in der Küche, einen Besenstiel in der Hand. Sein Vater war auf dem Hof und hatte das Malheur auch wahrgenommen. Er kam schnell herbeigerannt und rief laut: „Albert, komm sofort auf den Dreschplatz, du mußt mir beim Ölen der Maschine helfen!" Kein Befehl war ihm lieber als dieser. Mit einem Satz entwischte er durch die Hintertür. Noch auf dem Hof hörte er das Schimpfen seiner Mutter: „Wozu hat man die Kinder großgezogen, wenn sie noch nicht einmal das Geschirr abtrocknen können? 27 Teller, welch ein Schaden!" Bis zum Abend ließ sich Vater wohlweislich nicht mehr in der Küche sehen. Bis zum Abendbrot aber hatte seine Mutter das Malheur vergessen. Neue Teller wurden gekauft.

So haben wir Kinder am Strand des Schwarzen Meeres viele fröhliche und ernste Geschichten gehört. Wenn er mit dem Erzählen aufhören wollte, bettelten wir wie aus einem Mund: „Papa, erzähl weiter, immer weiter!" Sein Schatz an Geschichten war unergründlich. Es waren meist Alltagserlebnisse. Einige will ich erzählen:

Friedrich war sein ältester Bruder. Er kam vom Militärdienst nach Hause auf Urlaub. Etwas großspurig und selbstbewußt zündete er sich vor den Augen seiner Mutter eine Zigarette an. Sie aber konnte das Rauchen nicht ausstehen. Ihr war es schon zuviel, daß ihr Mann ein starker Raucher war. Er brauchte fast keine Streichhölzer, weil er sich immer eine Zigarette an der andern anzündete. Mutter sah Friedrich bei seiner Hantierung zu. Er hatte noch nicht einmal den Glimmstengel zwischen den Lippen, da holte sie mit ihrer kräftigen Hand aus, und die Zigarette landete auf dem Fußboden. „Hast du bei den Soldaten sonst nichts gelernt als nur das Rauchen?" Das war alles, was sie zu diesem Vorfall zu sagen hatte. Die jüngeren Brüder kicherten hinter vorgehaltener Hand. Die Schadenfreude war auf ihrer Seite. „Unser Soldat, unser Friedrich, hat sicher zum ersten und zum letzten Mal zu Hause geraucht", flüsterten sie sich zu. Friedrich aber ging wortlos aus der Küche. Nie mehr in seinem Leben hat er eine Zigarette angefaßt. Von ihren sechs Söhnen hat keiner geraucht oder sich betrunken. Dafür hat meine Großmutter mit ihrem strengen Regiment gesorgt.

Und noch ein lustiges Erlebnis will ich erzählen: Ein sichtliches Vergnügen bereitete es den Brüdern, die oft zu sechst in einem überdimensionalen Bett – drei am Kopfende und drei am Fußende – schliefen, wenn sie ihre Kräfte zu messen begannen. Sie stemmten die Fußsohlen gegeneinander und drückten solange, bis der Stärkere von beiden ermittelt war. Einmal barst bei diesem Kampf das rote Inlett. Die Federn wirbelten nur so durch die Luft. Dann trat vor lauter Schreck bei den Buben Ruhe ein. Das war nun wiederum für Großmutter sehr verdächtig. Mit ihrer ganzen Breite – sie wog über zwei Zentner und war von kleiner Statur – stand sie im Türrahmen. Sie sah das Malheur, fragte nicht lange, wer denn der Schuldige sei, sondern verteilte die Tracht Prügel gerecht. In der Schlafkammer kehrte danach Ruhe ein.

Meine Großmutter

Meine Großmutter war eine überaus fleißige Frau. Sie hat in ihrem Leben viel gearbeitet. In der Dreschzeit stand sie schon kurz nach Mitternacht auf. Sie mußte meinen Vater wecken, dessen Aufgabe in seinen Ferien darin bestand, die Dampfmaschine zu schüren, damit die Räder ins Rollen kamen. Das Schmieren der Kolben, Schrauben und Radnaben gehörte genauso zu seiner Arbeit wie die Erzeugung von Wasserdampf. Später hat mir mal Großmutter erzählt, wie schwer es ihr gefallen sei, ihren Albert aus dem Bett zu holen. Das Herz habe ihr geblutet, wenn sie sah, wie müde der Bub war. Es waren ja eigentlich seine Ferien, aber in der Erntezeit wurde darauf keine Rücksicht genommen. Da mußte jedes Familienmitglied seinen Beitrag leisten. Der Lebenskampf war hart. Meine Großmutter hat sich in ihrem Leben auch nie geschont. Allein die Geburt ihrer 12 Kinder erweckt meine Bewunderung für diese tapfere Frau. Wieviel Fehlgeburten sie durchstanden hat, darüber hat sie nie ein Wort verloren. In ihrem ganzen Leben war sie kein einziges Mal bei einem Arzt.

Als ihr im hohen Alter Pflegegeld zustand, war sie nicht zu bewegen, dies von einem Arzt bescheinigen zu lassen, so sehr genierte sie sich. Schließlich sprach mein Vater mit dem Arzt, daß er sie nur anschauen und dann diese Bescheinigung ausstellen sollte. Das war das einzige Mal, daß ein Arzt über die Schwelle ihres Hauses kam.

Ich kenne meine Großmutter nur als eine ganz gekrümmte Frau. Die schwere Arbeitslast auf einem großen Bauernhof mit viel Vieh, dazu die Versorgung ihrer Großfamilie haben tiefe Spuren auf ihrem Rücken hinterlassen. Fast bucklig war sie geworden. Immer trug sie ein Kind in der Placht. Das ist ein selbstgewebtes Tuch, in das die Kinder eingebunden wurden.

So konnten sie das schlagende Herz der Mutter verspüren. Die Hände der Mutter aber blieben für die Arbeit frei. So hat Großmutter Brot gebacken, Butter gestampft, Wasser geholt und das Feuer geschürt. Als sie ihre eigenen Kinder großgezogen hatte, nahm sie sich der Enkel an. Zweiundzwanzig konnte sie ihr eigen nennen.

Wir Enkelkinder merkten nichts mehr von ihrer Strenge. Uns umgab sie mit viel Verständnis und Liebe. Kam sie mal zu uns zu Besuch, dann übernahm sie in der Küche das lästige Spülen und Abtrocknen. In der Zeit nach dem Zweiten Weltkrieg wäre sie beinahe verhungert. Ihre Essensrationen hat sie uns Kindern zugeschoben. Mein Vater merkte erst, wie elend sie geworden war, als sie unter einem quälenden Brechreiz zu leiden hatte. Ihre einst kräftige Statur bestand nur noch aus Haut und Knochen. Ihr schönes Gesicht war ganz faltig geworden, und das alles uns zuliebe.

Am glücklichsten war ich, wenn wir nach getaner Arbeit zusammensaßen und miteinander sangen. Sie hatte eine kräftige, klangvolle Altstimme. Früher hat sie oft mit Großvater im Duett gesungen, er Tenor und sie Alt. Welch einen Reichtum an Liedern habe ich ihr zu verdanken. Oft waren es die wehmütigen Lieder, die in uns die Sehnsucht nach der Heimat wachhielten. Eins will ich erwähnen. Es ist unser Heimatlied:

„Gott segne dich, mein Heimatland,
ich grüß dich tausendmal,
dich Land, wo meine Wiege stand
durch meiner Väter Wahl.
Du Land, an allem Gut so reich,
ins Herz schloß ich dich ein,
ich bleib dir in der Liebe treu,
im Tode bin ich dein.

So schirme Gott in Freud und Leid
dich, unser Heimatland!
Bewahr der Felder Fruchtbarkeit
bis hin zum Schwarzmeerstrand.
Erhalte du uns deutsch und rein,
send uns ein freundlich Los,
bis wir bei unsern Vätern ruhn
im heimatlichen Schoß.“

Bessarabien – meine Heimat

Bessarabien, das heutige Moldawien, ist ein herrliches Land. Obwohl ich nur sechs Jahre meines Lebens dort zugebracht habe, empfinde ich es als meine eigentliche Heimat. Vielleicht liegt es daran, daß wir uns sehr oft über unseren Ursprung unterhalten haben und in der Kindheit der Mensch seine tiefste Prägung erfährt.

Dort bin ich in dem stattlichen Dorf Sofiental geboren. Acht Kilometer lag es vom Schwarzen Meer entfernt. Deutsche Siedler hatten hier ihre Häuser und Höfe gebaut. Die Kirche mit ihrem Glockenturm bildete die Mitte des Dorfes. Schmuck sahen die Gehöfte aus. Zur Straßenseite waren sie mit einer weißgetünchten Mauer umgeben. Blühende, fruchtbare Gärten waren der Stolz der Bäuerin. Akazienbäume umsäumten die Dorfstraße. Schon von weitem roch man ihren wunderbaren Duft. Kam man näher an sie heran, dann summte es vor lauter Bienen, die sich ihren Honig aus den Blüten holten. Zwischen den beiden Häuserreihen war ein breiter, fruchtbarer Streifen Land mit Rizinusstauden bepflanzt. Das Haus meiner Großeltern lag gegenüber der Kirche, so ziemlich in der Dorfmitte, wo auch der Dorfbrunnen stand. Das Haus meiner Eltern stand am Dorfausgang und war noch recht neu aus roten Ziegeln errichtet. Unser Hof war zu der Zeit verpachtet, und Onkel Emil bewirtschaftete das Erbe meiner Eltern. In der Kirche war auch zugleich das Schulhaus untergebracht. Sonntags riefen die Glocken zum Gottesdienst, und an den Werktagen tummelten sich die Schüler im Gebäude und wurden im Lesen, Rechnen und Schreiben unterrichtet. So hatte beides seinen Platz im Leben der Bevölkerung: das Wort von Gott und die Erziehung der Jugend zu einem verantwortungsvollen Dasein.

In diesem schmucken und sauberen Dorf erblickte ich am 3. Januar 1934 das Licht der Welt. Meine Großeltern haben immer darauf bestanden, daß die Enkelkinder in ihrem Haus unter ihrer Obhut geboren wurden. So waren meine Eltern schon vor Weihnachten von ihrem Wohnort Purkari, wo die landwirtschaftliche Schule stand, nach Sofiental aufgebrochen, als der Geburtstermin näherrückte. Ich war das zweite Kind in der Familie, und der Schrecken war groß, als ich geboren wurde und kaum lebensfähig war. Die Hebamme wickelte mich in ein Tuch und legte mich zur Seite. Sie versorgte erst meine Mutter, weil sie keine Hoffnung für mich hatte. Jedenfalls wurde mir dies später so erzählt. „Dies Kind ist zu schwach“, sagte sie zu meiner Großmutter, „es wird den Abend kaum erleben. Großvater wurde von der Hiobsbotschaft unterrichtet, eilte herbei, hob mich aus den Kissen, schlug mir kräftig auf den Rücken, rieb mir mit seinen großen warmen Händen den Körper, sah mir in die Augen und litt Not. Schnell wurde der Küstenlehrer geholt, und ich wurde notgetauft.

So stand mein Eintritt in diese Welt unter keinem guten Stern. Aber Gott wollte, daß ich lebe. Er hat mich geschaffen, elend, aber doch wunderbar mit allen Gliedern, und hat mir aller Todesahnung zum Trotz neue Kräfte geschenkt. Ich war ein schwaches Kind und blieb es auch über viele Jahre, aber doch regte sich in mir Lebensfreude und Energie. Großmutter hat mich vom ersten Tag an aufgepäppelt, und mit jedem neuen Tag ging es aufwärts mit mir.

In Bessarabien war es Sitte, daß eine Wöchnerin sehr gut versorgt wurde. Die Nachbarinnen sprachen sich miteinander ab, und jeden Tag übernahm es eine Familie, die besten Speisen ins Haus der Wöchnerin zu bringen: Täubchensuppe, Hühnerschenkel, Reisbrei mit Zimt. Schnell sollte sich die junge Mutter erholen.

Eine Hühnersuppe zur Geburt

Später, als ich Mutter wurde, habe ich einmal sehr schmunzeln müssen. Unser Sohn Gottfried war geboren. Ich lag auf der Entbindungsstation des Bad Arolser Krankenhauses. Am dritten Tag besuchte mich mein Vater. Er war über hundert Kilometer weit von Bebra im Zug angereist und hatte dreimal umsteigen müssen. In seiner Hand trug er eine Drei-Liter-Milchkanne, und ein Hühnerbein guckte oben heraus. „Papa", lachte ich schallend, „meinst du, ich müßte hier verhungern?" Dabei wurde es mir warm ums Herz. Wieviel Liebe verbarg sich in diesem Essen. Meine Mutter muß schon sehr früh aufgestanden sein, um das Huhn zu schlachten und die Nudeln so fein zu schneiden. Niemals mehr habe ich so fein geschnittene Nudeln gesehen. Gesund sollte ich werden und mich gut nach den Strapazen der Geburt erholen. So scheuten meine Eltern keine Mühe. Und wie ich meinen Vater kenne, wird er allen Mitreisenden von seiner großen Freude erzählt haben, daß er schon wieder Großvater geworden sei. Zum vierten Mal sei ihm ein Enkelkind geschenkt worden und diesmal noch ein Junge dazu, wo er selbst nur fünf Töchter hatte.

Purkari, das große landwirtschaftliche Institut

Aber ich will zurück zu den Anfängen meines Lebens kommen. Obwohl ich kaum lebensfähig geboren wurde, erholte ich mich doch von Tag zu Tag. Dann aber ging es wieder nach Purkari. Im großen Schlitten, der von vier Pferden im hohen Schnee gezogen wurde, ging die Fahrt später zurück nach Hause. Purkari war ein kleiner Ort, von Rumänen und Russen besiedelt. Mehrere Tausend Morgen Land gehörten zum landwirtschaftlichen Institut. Es war ein Staatsgut, auf dem junge Bauernsöhne zu tüchtigen Landwirten herangebildet wurden. Der rumänische Königshof bezog seinen Wein, sein Getreide, sein Schlachtvieh, seine Butter und seine Milch von diesem hervorragend geleiteten Landgut. Hochwertige Weinsorten wurden angebaut, und in bezug auf die Schafzucht wurden Versuche unternommen, besondere Tiere zu züchten, die widerstandsfähig waren und gute Felle lieferten. Es waren die Karakulschafe. Für mich verbinden sich mit der Landwirtschaftsschule wunderschöne, frohe Erinnerungen. Oft kamen vom Königshaus aus Bukarest Delegationen angereist, die das Gut besichtigen wollten. Dann durfte ich auf dem Kutschersitz mitfahren, wenn mein Vater seinen Gästen die Felder zeigte. Unser Kutscher Nasari gab mir dann die Leine und die Peitsche in die Hand, und stolz wie ein Spanier lenkte ich die Kutsche. Manchmal mußte ich die Pferde anhalten, die Besucher stiegen ab, und mein Vater erklärte ihnen die verschiedenen Versuchsfelder mit Weizen und anderen Getreidesorten oder führte seine Gäste zu den Schafherden. Auch die kühlen Weinkeller, die unter der Erde angelegt waren, wurden besichtigt. Manche Fässer waren größer als ein Mensch.

Ich hatte auch immer viele Spielkameraden. Die Kinder der Lehrer und Arbeiter waren meine Freunde. Sie sprachen russisch oder rumänisch, und so bin ich mehrsprachig aufgewachsen. Wir waren die einzigen Deutschen auf dem Gut, wenn ich von unserer Köchin und dem Kindermädchen absehe. Ich konnte besser rumänisch als deutsch reden und flocht oft auch russische Worte in mein Reden mit ein. Jeden Sommer fuhren wir in einem Vierspänner zu den Großeltern nach Sofiental und dann ans Schwarze Meer.

Weihnachten bei den Großeltern

Auch die Weihnachtstage verbrachten wir bei unseren Großeltern. In dieser Zeit wurde der Backofen tüchtig geschürt. Plätzchen wurden gebacken in jeder Menge, denn auch die Knechte und Mägde sollten bedacht werden. „Zuckerle" stellte Großmutter immer selbst her aus Sahne, Zucker und Kakao. Meist verschwanden die Leckereien schnell in Schrank und Truhen. Aber am Heiligabend erhielt jedes Kind seinen süßen Teller. Die Spannung war kaum auszuhalten, obwohl es nie so viele Geschenke gab, wie sie Kinder in unseren Tagen erhalten. Zuerst gingen die Familien geschlossen in die Christfeier. Festlich wurde die Geburt Christi begangen. Wir Kinder umrahmten den Gottesdienst mit Liedern und Gedichten, und schon Wochen zuvor wurde dafür tüchtig geübt. Anschließend fand die Bescherung statt. Unter dem Tannenbaum lagen kleine oder auch mal größere Geschenke: neue selbstgestrickte Strümpfe oder ein Kleidchen mit Schürze. Ein Glöckchen gab das Startzeichen, daß wir die „gute Stube" betreten durften. Unsere Augen strahlten, wenn wir am Christbaum standen und es laut tönen ließen:

„Süßer die Glocken nie klingen als zu der Weihnachtszeit;
s' ist, als ob Engelein singen wieder von Frieden und Freud',
wie sie gesungen in seliger Nacht, wie sie gesungen in seliger Nacht.
Glocken mit heiligem Klang, klingt doch die Erde entlang!"

Ein Lied löste das andere ab, und zwischendurch sagten wir unsere Verse auf, die wir auswendig gelernt hatten. Die Bescherung war nicht so gewaltig, wie sie heute ist. Meist gaben wir uns mit einem bunten, süßen Teller zufrieden. Aber einmal erhielten wir einen Schlitten, einen großen grünen Schlitten. Die Freude darüber war so groß, daß ich noch heute an dieses herrliche Gefährt denke, mit dem wir dann von unserem Knecht durch die winterliche Landschaft gezogen wurden. Manchmal hatte mein Vater auch Halva, eine türkische Spezialität, gekauft. Sehr sparsam ging er damit um. Jeder bekam nur einen Teelöffel von dieser Köstlichkeit. Täglich wurde dieses fast heilige Ritual vollzogen, bis die Dose leer war. Auch bei unseren Kindern hat mein Vater später diesen Teelöffel voll Halva beibehalten. Jedes Enkelkind stand dann vor Großvater und wartete, bis ihm der Löffel Halva in den Mund geschoben wurde. Über Großvaters Sparsamkeit lächeln heute meine Söhne und meine Tochter. Aber früher war Halva eine Köstlichkeit und etwas ganz besonders Gutes.

Die Umsiedlung beginnt

Politisch fand 1940 eine Wende statt. Bessarabien wurde von der rumänischen Regierung an Rußland abgetreten, und die Deutschen wurden umgesiedelt. Ich erinnere mich noch genau an die Nacht, in der die rumänische Flagge in einem feierlichen Zeremoniell vom Fahnenmast heruntergeholt wurde und die Soldaten dann eiligst die Flucht ergriffen. In unserem Haus änderte sich fast alles. Meine Mutter holte die Bilder von den Wänden, hängte die Gardinen ab und rollte die Teppiche zusammen. Alle Wertsachen und Fotografien, die meinen Vater in seiner Uniform als Professor zeigten, wurden in Blechkästen verpackt und in dem großen Backofen verstaut, der in der Küche stand. Ein kommunistisches Regime hatte das Königshaus abgelöst und war nun an der Macht. Die intellektuelle Schicht fürchtete um ihr Leben. Jede Verbindung zum Ausland konnte als Verrat am eigenen Land gedeutet werden, und mein Vater hatte in Leipzig studiert. Eine Nacht lang wurden im Herd wichtige Briefe und Dokumente verbrannt. Von seiner Uniform wurden alle Ehrenzeichen und Orden abgetrennt, und mein Vater zog ein rotes Polohemd an. Wir Kinder schlüpften in rote Sommerkleidchen und wurden streng ermahnt, ja nicht den rumänischen Gruß zu sagen. Jetzt müsse man russisch grüßen. Als Direktor der Schule mußte mein Vater die neue Besatzungsmacht empfangen. Wir waren fast allein aus der Lehrerschaft zurückgeblieben. Alle rumänischen Dozenten waren in Richtung Bukarest geflohen. An der Schule herrschte ein ziemliches Chaos, weil sich auch eine Reihe von Studierenden aus dem Staube gemacht hatte. Auch wir Kinder spürten die Angst vor den neuen Machthabern, und unser Aufenthalt in Purkari wurde immer gefährlicher. An einem lauen Sommerabend fuhr ein Pferdefuhrwerk vor unser Haus. Mein Großvater hatte unsere kritische Situation erkannt und uns seinen Knecht mit den besten vier Pferden geschickt. Schnell wurden die wichtigsten Habseligkeiten gepackt, und wir setzten uns oben auf den Wagen. Bei Nacht und Nebel ließen meine Eltern alles im Stich und flohen in den Ort meiner Großeltern, Sofiental. Dort schien die Lage für unsere Familie nicht mehr so gefährlich zu sein, denn eine Kommission aus Deutschland war schon eingetroffen, um die Umsiedlung vorzubereiten. Erst viel später erzählte mir Vater, warum er Purkari, den Ort, wo er eine so verantwortungsvolle Tätigkeit ausübte, über Nacht verlassen hatte. Die russische Besatzungsmacht hatte Vater unter dem Vorwand, er müsse dort in Moskau eine wichtige Aufgabe im Landwirtschaftsministerium einnehmen, abtransportieren wollen. Man hätte ihn sicherlich, wie viele Intellektuelle, nach Sibirien verbannt. So tauchte er in seinem Heimatort unter und war vor dem Zugriff russischer Soldaten sicher. Es folgte eine kurze Zeit der Ruhe im Hause meiner Großeltern.

Großmutter ist einzigartig

Meine Großmutter liebte ich über alles. Ihr Leben war von viel Arbeit, Entsagung und Mühe geprägt. Von ihren zwölf Kindern, die sie geboren hatte, mußte sie sechs schon früh zu Grabe tragen, und während des Zweiten Weltkriegs hat sie erleben müssen, wie ihr Sohn Eduard an Kriegsfolgen starb und Emil vermißt wurde. Auch zwei ihrer Enkel wurden ihr durch die russischen Soldaten genommen. Aber ich habe Großmutter nie verzweifelt gesehen. Sie war eine sehr tapfere Frau. Nach der Flucht starb noch ihr Enkelkind Paulchen im jugendlichen Alter. Bitterlich hat sie bei seinem Tod geweint. Paulchen war herzkrank, und sie hat ihn oft betreut. Ihre Liebe zu uns war innig.

Meine Großmutter war eine einfache Frau. Sie hat nie eine höhere Schule besucht, und in die Volksschule ging sie nur über den Winter, da sie im Sommer bei der Ernte mithelfen mußte. Aber für ihre Kinder hat sie sich eingesetzt, daß einige von ihnen das Gymnasium und die Universität besuchen konnten. Dafür war sie bereit, große Opfer zu bringen, denn damals mußten noch Schulgeld und hohe Studiengebühren gezahlt werden. Sie war überaus fleißig, und ihre Hände ruhten fast nie. Wenn sie sich zum Verschnaufen ein wenig hinsetzte, dann hatte sie immer schnell einen Strickstrumpf zur Hand. Manchmal rutschte ihr der Strumpf in den Schoß, wenn sie für ein paar Minuten eingenickt war. Ich habe sie einmal gefragt: „Großmutter, wieviel Strümpfe hast du in deinem Leben gestrickt?“ „O Kind, das kann ich dir nicht sagen, aber so eine Stube voll werden es wohl gewesen sein“, war ihre Antwort. Großmutter konnte wunderbar Geschichten erzählen. Abends beim Dämmerstündchen, wenn Petroleum gespart werden sollte und man noch wartete, bis die Lampe angezündet wurde, suchten wir ihre Nähe. Auf kleinen Fußbänkchen saßen wir um sie herum und fühlten uns wohl und geborgen, wenn wir unseren Kopf in ihren Schoß legen durften. Es waren meist biblische Geschichten aus dem Alten und Neuen Testament. Wie bangte ich um Abraham, als er mit seinem kleinen Sohn an der Hand nach Moria zog, wo das Kind sterben sollte. Das Herz krampfte sich in mir zusammen, wenn ich an den Tod Isaaks dachte. Und befreit atmete ich auf, als der Engel erschien und ausrief: „Abraham, Abraham, leg deine Hand nicht an den Knaben!" Da waren die spannenden Geschichten von Joseph und seinen Brüdern, von Noah, Mose und Aaron, von Gideon und Samuel. Und wenn Großmutter die Geschichte vom Sturm auf dem Meer erzählte, dann bekam ich nasse Füße. Ich hörte, wie der Sturm losbrach, der Wind heulte, die Wasserwogen herniederprasselten und die Wellen drohend das kleine Boot überfielen. Die Ruder zerbrachen und die Segel zerrissen, und die Jünger schrien vor lauter Verzweiflung: „Herr, hilf uns, wir versinken!" Da hat sich mitten im Sturm der Heiland aufgerichtet und hat laut in den Sturm hinausgerufen: „Schweig und verstumme!" Da wurde es ganz still. Das waren Stunden der Begegnung mit Gott schon in früher Kinderzeit. Großmutter nahm uns in die Welt der Bibel hinein.

Wenn Stürme losbrechen

Als ich längst selbst Familie hatte, bewegten mich noch immer die biblischen Geschichten aus dem Evangelium.

Es war an einem Mittwochvormittag. Mit meinem Sohn hatte ich noch schnell eine Tasse Kaffee getrunken, bevor er zur Vorlesung mußte. „Mutter, jetzt muß ich mich aber beeilen, sonst komme ich noch zu spät zur Universität", verabschiedete er sich von mir. Eine halbe Stunde später klingelte es an meiner Tür. Zwei Polizisten standen auf der Treppe: „Sind Sie Frau Bormuth?" Ich nickte. „Ihr Sohn ist soeben schwer verunglückt. Wir haben ihn mit dem Notarztwagen in die Chirurgie bringen lassen."

Wie gelähmt stand ich da. Ich konnte keinen klaren Gedanken fassen. Dann aber kamen meine Kinder. „Komm, Mama, wir fahren dich schnell zur Klinik, zieh deinen Mantel an!" Und schon ging es zur Klinik. Wie versteinert blickte ich auf die große weiße Glastür, die zum Operationstrakt führte. Über ihr hing eine Uhr. Jeden Ruck des Zeigers nahm ich wahr. Ich sah, wie Ärzte und Schwestern hin und her liefen, und mir wurde bewußt: Hinter dieser Glastür liegt dein Sohn. Wird er überleben? Die Angst kroch mir den Rücken hinauf. Ich konnte noch nicht einmal beten. Und plötzlich war's wie in Kindertagen, als stünde Großmutter neben mir. Ich hörte ihre Stimme und vernahm ihre Worte: „Da hat sich mitten im Sturm der Heiland aufgerichtet und hat laut in den Sturm hinausgerufen: ‚Schweig und verstumme!' Da ward es ganz still." Mir wurde klar: Jesus sitzt auch in meinem Boot, das schrecklich von hohen Wellen gerüttelt und geschüttelt wird. Er vermag den drohenden Wasserwogen zu gebieten, und sie müssen sich legen. Ich befahl meinen Sohn den Händen Jesu Christi an und vertraute auf ihn: Er allein kann ihn vor dem Tod bewahren und ihn wieder heilen. Ich wurde ruhig, obwohl die alte Situation noch da war. Aber die Gewißheit konnte mir keiner nehmen: Jesus sitzt in meinem Boot. Das ist ein Segen, den Großmutter mir mit ihren wunderbaren biblischen Geschichten vermittelt hat.

Zwei Stunden später trat ein schottischer Arzt auf mich zu. „Frau Bormuth, gehen Sie in die Kirche und stiften Sie drei Kerzen, Ihr Sohn wird überleben!“ Bei diesen Worten wurde es mir ganz warm ums Herz.

Großmutter lebte in der Welt der Bibel. Als ich in den Konfirmandenunterricht ging, hat sie sich die Mühe gemacht und mich die Verse und Liedstrophen abgefragt.

Einmal hatte ich Vaters Rasierspiegel zerschlagen und ich hätte Strafe verdient, weil ich zu hastig einen Fensterflügel aufgerissen hatte. Aber Großmutter schickte mich schnell in den Holzstall, dort sollte ich den Großen helfen, die Holzstücke aufzuschichten. „Lotte, sieh zu, daß du ordentlich mit zupackst, und laß dich vor dem Mittagessen nicht hier in der Küche blicken!“ So nahm sie mich vor meinem Vater in Schutz, denn als ich dann gegen ein Uhr bei Tisch erschien, war sein Ärger vergessen. Großmutter, du warst eine wunderbare, kluge Frau! Wenn ich an dich denke, wird es mir wohl ums Herz.

Als ich zum ersten Mal verliebt war und sehnsüchtig auf einen Brief wartete, der aber nie ankam, da nahm sie mich weinendes junges Mädchen fest in ihre Arme und wischte mir die Tränen von den Wangen. Ich spürte ihre Herzlichkeit und Wärme. Sachte strich sie mir über das Haar und sagte: „Lottchen, so ist das Leben, zur Liebe gehört auch das Leid.“ Seltsam getröstet ruhte ich an ihrer Seite, bis der Schmerz nachließ.

An manchen Abenden saßen wir in der Familie zusammen, und unsere Gespräche drehten sich nur um das eine Thema:

um den Verlust unserer Heimat. Wir versanken fast in Schwermut, wenn wir daran dachten, was wir alles verloren hatten, als wir dieses schöne Land Bessarabien verlassen mußten. Aber mitten in unsere Traurigkeit stimmte sie mit ihrer kräftigen, klaren Altstimme folgendes Lied an, und wir alle sangen mit:

Wenn Friede mit Gott meine Seele durchdringt,
ob Stürme auch drohen von fern,
mein Herze im Glauben doch allezeit singt:
Mir ist wohl, mir ist wohl in dem Herrn!

Die Last meiner Sünde trug Jesus, das Lamm,
und warf sie weit weg in die Fern;
er starb ja für mich am blutigen Stamm;
meine Seele lobpreise den Herrn!

Nun leb ich in Christo, für Christum allein;
sein Wort ist mein leitender Stern.
In ihm hab ich Fried und Erlösung von Pein,
meine Seele ist selig im Herrn.

Mit diesem Lied nahm sie unser wehes Herz in den Frieden Gottes hinein, und uns wurde wieder wohl.

Als ich sie zum letzten Mal besuchte, war sie schon 83 Jahre alt und lebte nach der Flucht bei ihrem Sohn Friedrich in der Nähe von Hannover. Er und Tante Emma haben ihr viel Gutes getan und sie bis zu ihrem Tod gepflegt. Ich hatte mit meiner Klasse eine Fahrt ans Steinhuder Meer unternommen, und mein Lehrer erlaubte mir, daß ich mich für einen Tag von der Gruppe lösen durfte, um Großmutter zu besuchen. Die Freude des Wiedersehens war unbeschreiblich. Damit mir der

Abschied leichter fallen sollte, schenkte sie mir ein paar selbstgestrickte Strümpfe und legte noch fünf Mark obendrauf. Das war für sie sehr viel Geld, denn ihre Rente betrug noch keine hundert Mark, und sie hatte außer mir noch neunzehn Enkelkinder. Der Gedanke an diesen letzten Besuch läßt mir heute noch das Herz höher schlagen und ihre kräftige Umarmung und den herzhaften Kuß auf der Wange spüren. Das waren Zeichen der Liebe, die ich mein Leben lang nicht vergessen werde.

Kurze Zeit später erreichte mich der Brief meines Vaters mit folgender Nachricht: Großmutter sei für immer eingeschlafen. Ich war an diesem Tag unfähig, eine Vorlesung an der Universität zu besuchen. Ich hockte auf meinem Bett, ließ Träne um Träne auf meine Kissen tropfen. Ich hatte etwas ganz Kostbares verloren. Die Erinnerung aber bleibt mir: Großmutter war in ihrer Liebe einzigartig, voller Hingabe an ihre Familie. Diese Liebe ist mir ein Vermächtnis. Solch eine Großmutter möchte ich auch gerne werden. Ob ich es aber zu zweiundzwanzig Enkelkindern bringe, das ist noch recht fraglich. Ich habe erst acht an der Zahl.

Ein rabenschwarzer Tag

Nun bin ich der Zeit ein wenig vorausgeeilt. Ich will wieder zurückkehren zum 10. Oktober 1940. Für uns Bessarabiendeutsche war es ein rabenschwarzer Tag. Die Umsiedlung hat uns aus dem Wurzelboden unserer Heimat gerissen und uns über viele Jahre zu Flüchtlingen werden lassen. Zugleich aber muß ich hinzufügen: Wären wir nicht nach Deutschland gekommen, es wäre uns ergangen wie den Rußlanddeutschen aus der Ukraine, die von Stalin nach Sibirien verbannt wurden. Wenn ich die Lebensgeschichte dieser Menschen höre, die 10 Jahre und noch länger in der Eiswüste unter menschenunwürdigen Bedingungen dahinvegetieren mußten, so sind wir vor größerem Elend bewahrt geblieben. Gewiß, viele unserer Leute sind im Zweiten Weltkrieg gefallen oder vermißt geblieben, aber die übrigen wurden wie ein Brandscheit aus dem Feuer gerettet. Dafür bin ich meinem Gott dankbar.

Der Sonntag vor dem 10. Oktober 1940 wurde festlich begangen. Die Feier fand auf dem Friedhof statt. Zum letzten Mal wurden die Gräber mit den schönsten Blumen geschmückt. Ein Gottesdienst vereinte die ganze Gemeinde. Anschließend ließ sich jede Familie an ihrer Grabstätte fotographieren. Es herrschte eine wehmütige, traurige Stimmung, und sogar wir Kinder empfanden den Ernst der Lage. Nun galt es, Abschied zu nehmen von einem fruchtbaren, wunderschönen Land und von einer herrlichen Kinderzeit. Viele Tränen flossen an diesem denkwürdigen Tag. Danach hieß es, das Wenige, was uns erlaubt war, einzupacken und auf einen Leiterwagen zu laden. Wir Kinder wurden obenauf gesetzt. Zurück blieben Hab und Gut, Acker und Vieh und die Erinnerung an unsere Heimat und an eine glückliche Kindheit. Was würde uns die Zukunft bringen? Auch die Tiere schienen etwas von diesem Trennungsschmerz zu verspüren, denn es ist schon ein einschneidendes Ereignis, wenn der Mensch soviel Liebgewordenes zurücklassen muß. Zum Geläut der Glocken mischten sich das Gewieher der Pferde, das Brüllen der Kühe, das Miauen der Katzen und das unaufhörliche Geschnatter der Enten und Gänse. Die Hunde, die treuen Wächter der Höfe, waren von den Bauern von der langen Kette losgebunden worden und liefen noch viele Kilometer neben den nicht endenwollenden Trecks her, bis sie dann irgendwo vor lauter Erschöpfung im Straßengraben liegenblieben.

In Galatz war ein Sammellager eingerichtet. Dort hockten wir auf unserem Gepäck und warteten stundenlang, bis unser Schiff kam. Zuvor aber wurden wir durch die Kontrolle geschleust. Wertsachen wie Schmuck und Geld durften wir nicht mit nach Deutschland nehmen. Meist hatten die Frauen Uhren, goldene Ketten, Ringe und andere Kostbarkeiten in das Futter von Mänteln eingenäht. Eheringe waren oft in Kuchen eingebacken. Es herrschte schreckliche Aufgeregtheit, bis wir die russischen Wachleute passiert hatten. Jeder atmete tief durch, wenn diese lästige Prozedur überstanden war, und dann erzählten die Frauen und Männer mit einem Schmunzeln, wo sie ihren Schmuck versteckt gehalten hatten. Wurden aber verbotene Gegenstände doch mal entdeckt, dann war die Behandlung durch die Männer der Polizei brutal. Die russischen Soldaten schlitzten mit einem scharfen Messer die Säcke auf, in denen die Kleidung und das Bettzeug verwahrt waren. Wie Schneeflocken tanzten dann die Bettfedern durch die Gegend, und die herrlichen Daunendecken waren unbrauchbar gemacht. Manche Träne floß an solch einem Tag, wenn man sich z. B. von einer Brosche trennen mußte, die das Erbstück der Mutter gewesen war.

Meine Familie geriet in eine Notsituation aber ganz anderer Art. Plötzlich war Großmutter verschwunden, und keiner konnte uns sagen, wo sie verblieben war. Ihr jüngstes Enkelkind, der kleine Heinz, war ihr in einem Waschkorb anvertraut worden, und nun waren beide unauffindbar, so als wären sie vom Erdboden verschluckt. Durch den Lautsprecher ertönte dann die Durchsage: „Gesucht wird Frau Rosine Hannemann mit ihrem Enkelsohn im Körbchen. Wer hat die alte Mutter gesehen? Bitte bei der Schiffsleitung melden!"

Zwei Stunden lang waren wir voller Angst und Schrecken. Dann aber klärte sich ihr Verschwinden auf. Großmutter war wohlbehalten aus der Versenkung aufgetaucht, und der kleine Heinz hatte die ganze Aufregung unbeschadet überstanden. Eine Rotkreuzschwester wollte Großmutter und dem Baby etwas Gutes tun und hatte sie beide in den Sanitätsraum des Schiffes verfrachtet. Dort herrschte nämlich nicht solch ein schreckliches Gedränge. Wir waren glücklich, als Großmutter wieder in unserer Nähe war.

In den uns zugeteilten Kabinen war es eng und stickig. Überall wimmelte es nur so von Menschen. Trotzdem war es für uns Kinder ein richtig abenteuerliches Erlebnis. Als unser Dampfer durch das „Eiserne Tor" fuhr, wollten die Passagiere alle dieses Naturschauspiel sehen. Es handelt sich um einen engen Durchfluß der Donau. Auf beiden Seiten ragen die Berge steil in die Höhe. Durch die einseitige Belastung bekam das Schiff plötzlich Schlagseite und drohte unterzugehen. Warnungen ertönten durch die Lautsprecher, und die Passagiere wurden angewiesen, die zugeteilten Plätze aufzusuchen. So wurde ein Unheil vermieden, aber das Prickelnde des schaurigen Erlebnisses dauerte noch tagelang bei mir an. Über fünfzig Jahre sind seit diesem Ereignis vergangen, aber das „Eiserne Tor" der Donau habe ich im Gedächtnis behalten.

In Semlin war unsere aufregende Schiffsfahrt zu Ende. Wir mußten unseren stolzen Dampfer verlassen und wurden in riesengroßen Zelten untergebracht. Mit Marschmusik und flammenden politischen Reden wurden wir empfangen. „Heim ins Reich!“ hieß unsere Parole, und damit sollte uns der Verlust unserer Heimat ein Stück verklärt werden. Auf uns Aussiedler wartete ein herrlich gedeckter Tisch. Das Aufregendste aber war die Nacht. Ich durfte zum ersten Mal in einem richtig großen Zelt schlafen. Auf Feldbetten lagen wir dichtgedrängt wie die Heringe in einer Dose. Mehrere Tage blieben wir in Semlin. Zwischen den Zelten vertrieben wir uns die Zeit mit Versteckspielen. Ich fühlte mich wie ein Indianerkind und nicht wie ein Mädchen vom Schwarzen Meer. Für mich war dieser Aufenthalt im Riesenzelt ein wunderbares Erlebnis. Nach acht sonnigen, schönen Tagen wurden wir dann in Eisenbahnzüge verfrachtet, und unsere Fahrt ging weiter über Granz bis nach Mährisch-Ostrau in der Tschechoslowakei.

Das Lagerleben beginnt

Ein neuer Abschnitt begann: das Lagerleben. In riesigen Fabrikhallen lebten wir eng zusammengepfercht. Waren es zweihundert oder dreihundert Menschen? Ich weiß es nicht. Männlein und Weiblein auf dichtestem Raum zusammengedrängt. Acht Stockbetten bildeten immer ein Quadrat, und dazwischen trennte ein enger Gang die Schlafstätten. Der Koffer mit unseren wenigen Habseligkeiten war unter das Bett geschoben. Mehr als einundeinhalb Jahre verbrachten wir in solchen Umsiedlungslagern. Keiner durfte sie verlassen. Nun begann die Eingliederung ins Deutsche Reich für uns. Stundenlang standen wir in Schlangen vor den eingerichteten Arztzimmern, wurden geröntgt, untersucht, befragt und in verschiedene Kategorien eingestuft. Das Familienoberhaupt mußte einen Stammbaum erstellen. Reinrassig mußte er sein, und kein jüdisches oder russisches Blut durfte in unseren Adern fließen. Die Familien, die durch Erbkrankheiten belastet waren, wurden im Altreich angesiedelt. Die Gesunden aber sollten im Osten eine neue Bleibe finden und einen Schutzwall gegen den Kommunismus bilden. Hier wurde durch die Rassengesetze Hitlers ein Volk auseinandergerissen, das zusammengehörte. Viele innere Verletzungen entstanden durch diese Maßnahme. Die einen waren stolz, und die anderen fühlten sich gedemütigt. Mißtrauen und Zwietracht wurden gesät. Im Januar, als die russische Front näherrückte, stellte sich dann heraus, daß ja nicht „die Reinrassigen" und „erblich Gesunden" das große Los gezogen hatten, denn sie mußten vor den herannahenden feindlichen Panzern fliehen und unsägliches Leid und Strapazen auf sich nehmen, sondern die kleinere Zahl der Familien, die im Reich eine neue Heimat gefunden hatte. Sie wurden nun bestürmt, ihre geflüchteten

Landsleute bei sich aufzunehmen und ihnen ein Dach über dem Kopf zu geben.

Das Lager in Mährisch-Ostrau habe ich in böser Erinnerung. Diese riesigen Fabrikhallen mit den Hunderten von Menschen waren für uns wie ein Gefängnis. Wir fühlten uns darin eingesperrt und hatten keinen Freiraum zum Spielen. Aber wir Kinder waren erfinderisch und gingen Wetten ein, wer wohl die meisten Flöhe fangen konnte, denn auf unseren Decken wimmelte es nur so von diesem scheußlichen Ungeziefer. Auch die Verpflegung war miserabel. Die Lebensmittel, die uns zugeteilt waren, wurden vom Personal und von der Lagerleitung in andere Kanäle geleitet. Wir litten Hunger. Morgens stellten wir uns in einer langen Schlange an, um einen Becher schwarzen Malzkaffee und eine Scheibe Brot ausgehändigt zu bekommen. Um elf Uhr mußten wir uns wieder anstellen, um am Mittag unseren Teller dünner Suppe in Empfang zu nehmen. Jeden Tag war es das gleiche Spiel. Der Magen knurrte uns, und in der Nacht konnten wir oft nicht schlafen, weil die Kinder weinten und schrien: „Mutter, ich will Brot!"

Wenn dann noch eine Darmerkrankung die Lagerinsassen befiel und sie Durchfall bekamen, setzte der Run auf die Klosetts ein, und an Schlafen war nicht mehr zu denken. Fast die ganze Nacht kamen wir nicht zur Ruhe. Die Babys schrien, die Alten schimpften, die einen wollten frische Luft und den anderen wurde es zu kalt. Die Türen schlugen auf und zu, und auf den Gängen war ein stetes Herumwandern. Das ist Lagerleben!

Aber dann zogen wir das große Los. Mein Vater wurde einer Gruppe von Männern zugeteilt, die jeden Tag für die Säuglinge und Kleinstkinder die Milch aus der Molkerei holen sollte. Er gehörte zu den Glücklichen, die einen Ausweis erhielten und somit berechtigt waren, das Lager zu verlassen. Nun hatte mein Vater die Möglichkeit, Brot zu kaufen und es unter der

Jacke versteckt ins Gebäude zu schmuggeln. Heimlich in der Nacht, damit es keiner merken sollte, erhielten wir ein Stück Brot, etwas unsagbar Köstliches. Unter der Bettdecke mußten wir es essen, damit ja keiner es merkte. Es hätte sonst Krawall geben können. Seit dieser Hungerszeit in Mährisch-Ostrau ist Brot für mich etwas Heiliges. Es schmerzt mich, wenn ich sehe, wie heute in Papierkörben und Mülltonnen Brot weggeschmissen wird, während auf der Welt Millionen von Kindern verhungern.

Leider war die Zeit, in der mein Vater Milch holen durfte, nur auf 14 Tage begrenzt. Er wurde dann einer Gruppe zugeteilt, die den schwarzen Kaffee und die Wassersuppe aus der Küche herbeischaffen mußte. Wieder knurrte mir der Magen. Ich war ständig unterernährt. Als ich vor Schwäche nicht mehr laufen konnte, wurde ich einem Arzt vorgestellt, der mich ins Krankenhaus einwies. Es war für mich ein großes Vorrecht, Patient sein zu dürfen, und ich habe den Krankenhausaufenthalt regelrecht genossen. Und noch heute liebe ich die Atmosphäre einer Klinik, vor der sich andere Menschen fürchten. Ich kam auf die Kinderstation und brauchte mit nur acht Kindern das Zimmer zu teilen. Hier gab es nicht nur genügend Brot, sondern auch Butter, Käse und Marmelade dazu. Obst und Milch erhielt ich als Sonderration, damit ich bald wieder gehen lernte. Ich fühlte mich ins Schlaraffenland versetzt. Schwach, elend, ja apathisch war ich in die Klinik eingeliefert worden, und nun erwachten meine Lebensgeister. Ich wurde der Liebling der Station und durfte den Ärzten und Schwestern oft unsere alten bessarabischen Lieder vorsingen. Dann war mir ein Lob und manchmal sogar ein Bonbon oder Keks sicher. Nach drei Wochen war ich wiederhergestellt und sollte entlassen werden. Mit großen, bittenden Augen sah ich zum Arzt auf und bettelte: „Onkel Doktor, kann ich nicht noch ein bißchen bleiben, hier gibt es immer so gutes Essen."

„Schwester Ruth“, blinzelte er der Krankenschwester zu, „die Kleine bleibt noch eine Woche.“ Ich jubelte, denn ich hatte mein Ziel erreicht. Aber danach mußte ich endgültig mein herrliches Paradies verlassen und wieder ins Elendsquartier umziehen.

Mein Großvater Jakob Ohlhausen

In diesem Lager waren wir auch mit meinen Großeltern mütterlicherseits zusammen. Mein Großvater war ein stattlicher Herr, ein rechter Patriarch, der seinen Glauben lebte. Natürlich wollte er, daß im Lager am Sonntagmorgen Gottesdienst gefeiert wurde. Als er sein Anliegen dem Lagerleiter vorbrachte, herrschte dieser ihn an: „Herr Ohlhausen, wir sind hier im Deutschen Reich, das ist ein fortschrittliches Land, da kann man sich nicht mit so einem Lügenbuch wie der Bibel abgeben. Sie sollen hier zu tüchtigen Nationalsozialisten herangebildet werden, da können Sie sich nicht länger mit alten Märchen und Legenden beschäftigen. Hier im Lager weht nun ein neuer, frischer Wind, und am Sonntagmorgen kommen Sie zum Vortrag über das völkische Erwachen im Dritten Reich."

Mein Großvater wußte nun, was die Stunde geschlagen hatte. Mit der Unterstützung der Lagerleitung konnte er nicht rechnen. So setzte er sich selbst ein und sammelte seine Landsleute zum Bibelstudium. Natürlich sprach sich dies herum, und von oberster Stelle sollten ihm diese Zusammenkünfte untersagt werden. Aber er ließ sich nicht einschüchtern, sondern bestand darauf, so wie er es in Bessarabien gewohnt war, sich in den Reichtum des Evangeliums zu vertiefen. Da ja noch Religionsfreiheit herrschte, konnte man ihm das Beten, Singen und Bibellesen nicht verbieten. Mein Großvater Ohlhausen war ein sehr frommer, tapferer und auch tüchtiger Mann.

Später, als er in Westpreußen neu angesiedelt wurde, widerfuhr ihm eine ähnliche Situation. In sein Haus lud er seine Landsleute zum Bibelstudium ein. Natürlich blieb dies nicht verborgen, daß sonntags Kutsche um Kutsche auf den Hof fuhr und die Besucher zusammenströmten. Die Machthaber mißtrauten der Sache. Sie schickten einen SA-Mann in Uniform, der Klarheit schaffen sollte. Großvater ließ sich in keiner Weise einschüchtern und bestand auf seinen Rechten, so wie er es in Bessarabien gehalten hatte, auch hier die Bibel mit anderen Christen zu lesen und zu beten. Dem SA-Mann war die Angelegenheit peinlich, er verschwand so schnell, wie er gekommen war, bat aber Großvater, er möchte doch seine Fenster besser verdunkeln, da ein Fliegerangriff gemeldet sei.

Weihnachten in Römerstadt

Ich will aber wieder zurück nach Mährisch-Ostrau kommen. Nachdem feststand, wer im Osten als Bollwerk gegen die Russen angesiedelt werden konnte oder wer doch besser im Reichsinneren seine Bleibe finden sollte, wanderten wir von einem Lager ins andere. Unsere ersten Weihnachten verlebten wir in Römerstadt. Mich hatten gerade in dieser festlichen Zeit die Windpocken befallen, und ich mußte ins Krankenrevier. Wir waren in einem großen Theatersaal untergebracht, und die Bühne war zur Krankenstation umfunktioniert worden. Meine Eltern durften mich so oft besuchen, wie sie wollten, und ich genoß diese Zeit, obwohl mich ein heftiger Juckreiz plagte. Aber das Essen war hervorragend. Es gab Griesbrei, Pudding und Obst.

Als Weihnachtsgeschenk erhielt jede Familie einen großen oder kleinen Stollen, je nach Kinderzahl. Das war vielleicht eine Freude, ein Stollen mit Rosinen und Mandeln und weißem Zuckerguß! Zum ersten Mal erhielten wir Süßbrot, wie wir es in unserer Heimat so gerne aßen. Schade, daß der Stollen zu schnell in unseren hungrigen Mündern verschwand und wir bald wieder hungern mußten.

Mein erster Unterricht

Es war nun die Zeit gekommen, daß ich hätte eingeschult werden müssen. Aber für uns Lagerkinder gab es noch keinen Unterricht. Flöhe fangen und durch die engen Gänge zwischen den Betten dahintoben, wollte nun nicht mehr einen Tag ausfüllen. Ich langweilte mich schrecklich, und mein Vater machte diesem Übel ein Ende. Er entschloß sich, mir Lesen und Rechnen beizubringen. Er kaufte sich eine Fibel, und jeden Morgen mußte ich von nun an lernen. Zur festgesetzten Stunde kletterte ich auf das obere Stockbett und machte meine ersten Fortschritte. Mit Begeisterung und ohne Schwierigkeiten lernte ich die Buchstaben und setzte sie zu Worten aneinander. Bald würde ich selbst Bücher lesen können. Mein Eifer wurde belohnt, denn Vater erzählte mir nach jeder Unterrichtsstunde eine spannende Geschichte. So machte das Lernen Spaß.

Schlimm habe ich immer die Tage im Lager empfunden, da Mutter unsere Kleidung waschen mußte. Hosen, Röcke, Blusen, Hemden wurden dann über die Heizung gehängt, und ich mußte solange im Bett bleiben, bis alles trocken war, denn ich hatte keine Kleidung zum Wechseln. Für mich war der Waschtag eine regelrechte Strafe, ja ich habe ihn sogar gehaßt. Spielzeug oder Bücher blieben uns versagt, und irgendwann war ich dessen überdrüssig, mir die Zeit mit Flöhefangen zu vertreiben. Das Knacken mit dem Daumennagel klingt mir noch im Ohr.

Das Ghetto in Lodz

Unser letzter Lageraufenthalt war in Litzmannstadt, dem heutigen Lodz. Hier konnten wir uns frei bewegen, wohnten in einem Vorort mit mehreren Familien in einem großen Haus. Jetzt hatte jede Familie ihr eigenes Zimmer. Das war ein gewaltiger Fortschritt. Wir bekamen auch unsere Lebensmittel zugeteilt, und meine Mutter konnte nun selbst kochen: Käsküchle, Apfelstrudel, Spätzle, Knöpflessuppe und Borscht. Wie gerne hätten wir auch Mamaliga gegessen, aber leider gab es kein Maismehl zu kaufen. Einmal hatte meine Tante ein Suppenhuhn von einer Bäuerin erstanden. Das war vielleicht ein Festessen mit selbstgemachten Nudeln. Mit großem Appetit hatte jeder schnell seinen Teller leer gegessen. Wir saßen noch bei Tisch zusammen und knabberten an den Knochen herum. Mit etwas spöttischem Blick meinte mein Onkel: „In Deutschland schmecken die Knochen besser als bei uns in Bessarabien das Hühnerfleisch."

Litzmannstadt ist mir noch durch ein anderes Erlebnis in Erinnerung geblieben. Mein Vater nahm mich an die Hand und wollte mir die Stadt zeigen. Wir trafen dabei auch auf das Ghetto. Ganze Stadtteile waren durch Mauern und Stacheldraht ausgegrenzt. In diesen Ghettos hatten die Nazis die jüdischen Familien aus Polen zusammengetrieben. Auf engstem Raum wohnten sie beieinander. Wir blieben auf einer Straßenkreuzung stehen und schauten uns das Lager an. Eiligst wurde uns vom Wachturm aus befohlen: „Sofort weitergehen! Es wird geschossen!" Wahrscheinlich war ich mit meinen sieben Jahren noch zu klein, um das Ausmaß des Elends und der Not dieser jüdischen Bevölkerung zu begreifen. Erst viel später, als die Filme vom Holocaust über die Fernsehsender ausgestrahlt wurden und ich die Grausamkeiten sah, erinnerte ich mich wieder an das Ghetto von Litzmannstadt.

Neuansiedlung im Warthegau

Im Herbst 1941 erfolgte dann die Neuansiedlung. Mit dem Zug kamen wir in Kaschmin, einer kleinen Stadt, an, wurden mit einem Pferdewagen vom Bahnhof abgeholt und auf unseren neuen Hof gebracht. Durch einen Vertrag Adolf Hitlers mit Stalin war ausgehandelt worden, daß die Bessarabiendeutschen einen Teil ihres Besitzes, den sie bei der Umsiedlung zurückgelassen hatten, in Deutschland wieder erstattet bekommen sollten. So entsprachen die fünf Höfe im Warthegau dem Bauerngut, das mein Vater besessen hatte. Er hatte das Gut nie selbst bewirtschaftet, da er ja an der landwirtschaftlichen Schule tätig gewesen war. Es war immer verpachtet gewesen. Die Ländereien und der große Hof stammten aus dem Erbe seines Vaters und vor allen Dingen seines Schwiegervaters, der ein sehr wohlhabender Mann war. Mühsam war nun der Neuanfang in Polen. Der November war naß und kalt. Schnee war schon gefallen, aber auf den Feldern steckten immer noch die Zuckerrüben in der Erde. Bis zu den Knöcheln versanken die Landarbeiter im Schlamm. Es war eine beschwerliche, anstrengende Arbeit, bis die letzte Rübe auf den Wagen geladen war. Unsere fünf Höfe lagen auch weit auseinander. In fünf Ställen mußten die Kühe gemolken werden. Bis die Milch abgeliefert werden konnte, war nur noch die Hälfte da. Sie war einfach in geheimen Kanälen versickert. Das erste, was mein Vater baute, war ein Rindviehstall. Morgens um fünf Uhr wurden wir Kinder abwechselnd geweckt und mußten in den Kuhstall. Zu unserer Aufgabe gehörte es, die Melkerinnen zu beaufsichtigen, damit nicht so viel gestohlen wurde. Jeder Liter wurde gemessen und ins Melkbuch eingetragen. Plötzlich stieg unsere Milchproduktion kräftig an. Das Stehlen hatte schlagartig aufgehört. Zudem hatte mein Vater einen guten Überblick, welches die besten Kühe waren, deren Kälber zur Aufzucht geeignet waren. So lernte ich früh, Verantwortung zu übernehmen. Außerdem hatte mir Vater erlaubt, Kaninchen zu züchten. Meine Zucht florierte, als Vater mir einen großen Stall baute. Hafer, Grünfutter, Heu und Rüben konnte ich aus der Scheune holen. Meine Tiere gediehen prächtig. Innerhalb von drei Jahren besaß ich über hundert Kaninchen. Ich war stolz auf meine Leistung, und ich begriff die Bedeutung des Sprichworts: „Sie vermehren sich wie die Karnickel." Ich mußte selbst die Kaninchen füttern und die Ställe ausmisten. Ich war sehr glücklich mit meinen Tieren. Nur am Schlachttag verkroch ich mich in mein Zimmer, und von dem Hasenbraten konnte ich kein Stück essen.

An unser Haus schloß sich ein riesengroßer Obst- und Gemüsegarten an. Wie gerne saß ich im Kirschbaum, träumte vor mich hin und pflückte mir die schönsten Früchte. Die Birnbäume konnte ich nicht ersteigen. Sie waren viel zu hoch. Im Sommer halfen wir beim Beerenpflücken mit. Eimerweise trugen wir Himbeeren, Johannis- und Stachelbeeren in die Küche. Unser Ertrag war so groß, daß wir sogar den Kindergarten mit dem köstlichen Obst versorgen konnten.

Ich liebte den Umgang mit Erde und Tieren. Das Bauernblut floß in meinen Adern, und bis heute macht es mich glücklich, wenn mir in meinem Garten der Samen durch die Finger rinnt, ich die Erde in Händen halte und mir die Sonne warm auf den Rücken scheint. Vater nahm mich auf seinem Einspänner mit, wenn er über die Felder fuhr und seine Landarbeiter beaufsichtigte. Erhobenen Hauptes saß ich neben ihm, durfte die Leine halten und mit der Peitsche knallen. Oft stiegen wir ab, und Vater zerrieb die Roggenkörner in seinen Händen, um zu prüfen, ob sie reif seien. War die Kartoffelernte an der Reihe, dann ließ er fünfzig Frauen mit ihren Wärterinnen aus dem Gefängnis holen, damit die Felder geerntet werden konnten. Diese jungen Frauen kamen gerne zur Unterstützung unserer Arbeiterinnen aufs Land, denn Mutter verköstigte die Gefangenen aufs beste. Meist ließ sie eine kräftige Bohnensuppe mit Schinkenfleisch kochen und einen Schokoladenpudding dazu. In der Küche hatten die Mägde alle Hände voll zu tun. Am Nachmittag gab es Kaffee und Pflaumenkuchen.

Wir Kinder wurden beim Kartoffellesen auch mit eingesetzt. Schon am Tag zuvor war das Feld in kleine oder größere Abschnitte aufgeteilt, je nach unserem Alter. Am schönsten waren die Mahlzeiten auf dem Acker mit allen Erntehelfern. In großen 20-Liter-Kannen war die Suppe herantransportiert worden und der Pudding in großen Töpfen. Für die gefangenen Frauen, die manchmal eine mehrjährige Haft abzusitzen hatten, war dies wie ein Festessen, denn meine Mutter sparte nicht an Fleisch und Sahne und andern guten Zutaten. Oft wurde extra für die Kartoffelernte ein Schwein geschlachtet. Binnen weniger Tage waren die Felder abgeerntet und die Kartoffeln in langen Mieten eingegraben. Ein großer Teil wurde auch gleich zum Bahnhof gefahren und mit Waggons abtransportiert.

Das war das Besondere an meinen Eltern. Sie überließen nichts dem Zufall, sondern planten alle Arbeiten genau ein. Knechte und Mägde wurden nach getaner, guter Arbeit mit Extragaben an Naturalien belohnt. So gaben sie ihr Bestes.

Diese polnischen Arbeiterfamilien zeichneten sich durch ihren Kinderreichtum aus. Sieben, acht, neun und zehn Kinder waren keine Seltenheit. Der Verdienst des Vaters war meist gering, und mit ihren Lebensmittelkarten konnten sie nicht soviel kaufen wie wir Deutschen. So hat mein Vater jeder Familie ein Stück Land zugeteilt. Darauf konnten sie Gemüse und Kartoffeln anbauen. Es blieb ihnen auch die Möglichkeit, ein Schwein zu schlachten und ein paar Hühner zu halten. Waren die Zuckerrüben an die Fabrik geliefert und hatten wir unsere zusätzlichen Zuckersäcke als Prämie erhalten, dann vergaß meine Mutter nie, ihre Mägde an den Zuckerrationen zu beteiligen. So konnten auch sie herrliche Weihnachtsplätzchen backen. Wer seine Ländereien und sein Vieh gut versorgt wissen will, muß seine Arbeiter vortrefflich behandeln, ihren Fleiß achten und ihren Einsatz belohnen. Die Treue unserer Knechte haben wir besonders später auf der Flucht erfahren. Zwei polnische Männer begleiteten uns und lenkten die Wagen. Als die Amerikaner längst in Deutschland einmarschiert waren, stand uns unser Stachow noch immer zur Seite und betreute unsere Pferde bestens. Ohne die Mithilfe unserer Knechte hätten wir die vielen Kilometer auf vereisten Straßen nicht so gut zurücklegen können. Sie haben alle Strapazen auf sich genommen, obwohl zu Hause ihre Familien auf sie warteten.

In schlechter Erinnerung bleibt mir die Schule. Ich kam erst im November in die erste Klasse. Die anderen Schüler waren im Unterrichtsprogramm weit fortgeschritten. Gewiß, mein Vater hatte mir Lesen und Schreiben beigebracht, aber nach der Sütterlinschrift. In meiner neuen Fibel konnte ich nun gar nichts lesen, da sie die lateinische Schrift enthielt. Meine Lehrerin kümmerte sich nicht allzuviel um mich und ließ mich in der hintersten Reihe sitzen. Ich zählte zu den Dummen. Mich hat diese Situation sehr verunsichert und geärgert. Ich schlug zu Hause meine Fibel auf und probierte, hinter das Geheimnis der lateinischen Buchstaben zu kommen. So nach und nach ging mir ein Licht auf, und ich rückte einige Plätze nach vorne. Ich lernte nun mit großem Eifer und war glücklich, als ich das Geheimnis der Schrift entschlüsselt hatte. Nach drei Monaten hatte ich meine Klassenkameraden im Lesen eingeholt. Seitdem gehörten Lesen und Schreiben zu meinen Hobbys.

Ein anderes Problem waren die kalten Winter und das schlechte Schuhwerk. Mein Schulweg betrug ungefähr drei

Kilometer. Morgens nahm uns der Milchwagen mit. Aber oft fing der Unterricht erst mit der zweiten Stunde an, und wir mußten solange auf dem Schulhof in der Kälte warten. Damals sind mir die Zehen erfroren, und über Jahre hinweg quälten mich die Frostbeulen. Saß ich im Warmen, dann fingen die erfrorenen Stellen heftig an zu jucken und zu schmerzen. Abends folgte immer das gleiche Ritual, um sich ein wenig Linderung zu verschaffen: kalte und warme Wechelbäder und das lästige Einreiben mit Frostsalbe. Oft habe ich in meinem Bett, das ich mit meiner jüngeren Schwester teilen mußte, vor lauter Qual geweint, weil der Juckreiz mir den Schlaf verweigerte. Als ich später selbst Kinder hatte, habe ich ihnen immer sehr gutes Schuhwerk und warme Wollsocken gekauft. Dieses schreckliche quälende Übel des Juckens und Schmerzens sollte ihnen erspart bleiben.

Aber der Winter brachte auch Vergnügen mit. So war ich begeistert, wenn ich mich auf dem zugefrorenen Teich tummeln konnte. Aber einmal bin ich im Eis eingebrochen. Ich hätte dabei ertrinken können. Vom Garten her beobachteten mich mein Vater und mein Onkel. Ich hörte noch, wie Onkel Rudolf sagte: „Na, Albert, hast du denn keine Angst, daß das Kind einbricht? Noch ist das Eis in der Tiefe nicht stark genug gefroren." Die Antwort meines Vaters war sehr zuversichtlich: „Meine Lotte weiß, was sie tut." Im nächsten Augenblick hörte ich das Knarren des Eises und brach ein. Vorsichtig schob ich mich auf das Eis und erreichte das rettende Ufer. Im Nu waren meine Hosen, Strümpfe und mein Pullover auch zu Eis gefroren, und ich steckte wie in einem eisigen Panzer. Ich lief, so schnell mich meine Füße tragen konnten, nach Hause. Ein heißes Bad verhinderte eine Lungenentzündung. Danach wurde ich mit Wärmflaschen und gestrickten Socken ins Bett verfrachtet. Das Abenteuer auf dem Eis hatte keine weiteren bösen Folgen für mich. Aber ich bin nie wieder aufs Eis gegangen. Der Schock saß sehr tief. Auch wenn ich eine Dummheit begangen habe und beinahe ertrunken wäre, so hat das Vertrauen, das Vater zu mir hatte, doch zu einem gesunden Selbstbewußtsein bei mir beigetragen. Ich liebe den Frühling, Sommer und Herbst. Der Winter bereitet mir wohl wegen der erfrorenen Zehen und dem Einbruch auf dem Teich bis heute Angst. Von allen Jahreszeiten ist mir der Herbst am liebsten. Dann wird die Ernte eingebracht, und ich kann den Lohn der Mühe und Arbeit deutlich sehen und erfahren. Waren die letzten Zuckerrüben abgeerntet und in der Fabrik abgeliefert, dann konnten die Knechte und Mägde tief durchatmen. Ein Jahr des Säens und Erntens war vorübergegangen, und in der Landwirtschaft kehrte ein wenig Ruhe ein, wenn auch das Vieh in den Ställen gut versorgt werden mußte. Für die Mägde war besonders die Zeit vor Weihnachten arbeitsintensiv. Gänse, Enten, Puten wurden geschlachtet. Brüstchen und Schenkel des Federviehs wurden geräuchert und so für mehrere Monate haltbar gemacht. An den langen Winterabenden stopften die jungen Frauen die Kissen mit herrlichen Daunen, und unsere polnischen Familien freuten sich, wenn sie ein neues Federbett ihr eigen nennen konnten.

Das Leben auf einem Gutshof war interessant und wunderschön. Nie hatte ich Langeweile. Wenn wir unsere Schularbeiten und die vom Vater auferlegten Pflichten ordentlich erfüllt hatten, durften wir nach Herzenslust spielen. In der Scheune bereitete es uns Vergnügen, vom hohen Gebälk ins Heu herunterzuspringen. Auf dem Hof und den langen Feldwegen fuhren wir Fahrrad. In unserem Teich plantschten wir in den heißen Sommermonaten, und im Garten konnten wir uns so viel Beeren, Äpfel und Birnen holen, wie wir wollten.

Mir war es auch eine Lust, mich um das Federvieh zu kümmern. Jeden Abend ging ich zusammen mit unserer Magd und sammelte die Eier aus den Nestern. Ich hatte auch Freude, wenn die Glucken brüteten. Meist legte ihnen meine Mutter 18-21 Eier unter, und nach drei Wochen schlüpften die Küken. Später holten wir uns noch Küken aus dem Brutkasten und zogen sie in der Küche in der Nähe des Ofens groß. Je mehr Hühner, Gänse, Enten und Puten aufwuchsen, desto mehr konnten dann im Herbst geschlachtet werden. Es war ja die Zeit, da wegen der Kriegswirren die Lebensmittel knapp wurden. Mein Vater brauchte dann eine Gans oder einen Puter, um dafür Baumaterialien genehmigt zu bekommen. Auch im Textilgeschäft oder im Schuhladen konnte man meist nur dann etwas erstehen, wenn man mit einer geschlachteten Ente im Korb den Laden betrat und ihren Hals heraushängen ließ. Mein Vater hätte wahrscheinlich seinen Viehstall nicht so schnell bauen können, wenn er nicht auf diese Weise die Kaufleute bestochen hätte. Nach Kriegsende nahm das Tauschgeschäft erst recht zu. Auf dem Schwarzen Markt konnte man beinahe alles erstehen.

Manchmal wurden wir auch von einer Glucke überrascht, die außerhalb des Hühnerstalles sich ein eigenes Nest gebaut und ihre Eier darin abgelegt hatte. So erlebte ich, wie eine stolze Glucke mit 12 Kücken auf den Hof marschierte. Enten waren keine guten Brüter. So legte man ihre Eier einfach einer Glucke unter. Natürlich dauerte die Brutzeit länger. Puten und Gänse hingegen waren sehr gute Brüter.

Die Zahl des Federviehs mußte beim Vertrauenslandwirt angegeben werden, und danach richtete sich die Zahl der Eier, die abgeliefert werden mußte. Bei der Menge unseres Geflügels erfolgte meist nur eine grobe Schätzung. So blieben uns genug Eier zum Backen und Kochen und zum Tauschgeschäft. Rund um den Hof hatte mein Vater Futtergetreide gesät, und das Federvieh konnte frei herumlaufen. Das waren damals noch glückliche Hühner. Das Gegackere, Krähen und Schnattern begann schon am frühen Morgen und hörte den ganzen Tag nicht auf. Auf unserem Teich schwammen die Enten und Gänse mit ihren Jungen. Ich liebte und liebe noch heute das Landleben, auch wenn sich in unseren Tagen sehr viel verändert hat und es wenig glückliche Hühner gibt.

Die Tränen meines Vaters

So verlebte ich eine reiche und ausgefüllte Zeit auf unserem großen Hof. Aber es gab auch traurige Ereignisse, die ich nie mehr vergessen habe. Ich war stolz auf meinen Vater. In seiner Nähe fühlte ich mich so geborgen und sicher. Er war stark, herzlich, voller Liebe. Zu meinem Vater konnte ich aufschauen. Aber einmal erlebte ich ihn in einer verzweifelten Situation. Ich hatte im Elternschlafzimmer hinter dem Bett gespielt. Mein Vater trat durch die Tür, lehnte sich an den weißen Kachelofen, hielt die Hände vors Gesicht und weinte laut auf. Ja, sein Körper wurde vor Weh und Schmerz geschüttelt. Mir schien, als wollte das Schluchzen und Weinen gar kein Ende nehmen. Mich überfiel schreckliche Angst. In dieser hilflosen, leidvollen Lage hatte ich meinen Vater noch nie gesehen. Ich rührte mich nicht vom Fleck und hielt fast den Atem an. Mucksmäuschenstill blieb ich auf meinem Teppich sitzen. Mein Herz klopfte zum Zerspringen. Vater hatte die schlimmste Nachricht seines Lebens erhalten. Sein Bruder war an der Ostfront vermißt. Onkel Emil war der jüngste von sechs Jungen und sechs Mädchen die am Leben geblieben waren. Nun hatte Vater kaum Hoffnung, seinen Lieblingsbruder je wiedersehen zu können. Er blieb auch im weiten Rußland verschollen. Diesen Verlust hat mein Vater nie verschmerzen können. Er blieb wie eine offene, brennende Wunde. Sie konnte nicht geheilt werden. Immer wieder hat Vater von Onkel Emil erzählt. Eine junge Frau und vier Kinder ließ er zurück, und Tante Anna mußte sich mit ihrer großen Kinderschar und dazu noch mit meinen Großeltern im Januar 1945 auf die Flucht begeben. Was sie auf den vereisten Straßen bei minus 20 Grad Kälte durchgestanden hat, ist bewundernswert. In der Nachkriegszeit hat sie bei einem Bauern gearbeitet und im Stall die Kühe gemolken, damit ihre Kinder etwas zu essen hatten. Tapfer nahm sie ihr Schicksal in die Hand und hat ihre Kinder trotz widriger, notvoller Verhältnisse zu lebenstüchtigen Menschen erzogen. Wie klug und überlegt hat sie gehandelt, als sie die Glaskutsche einfach an den Kastenwagen hing. Darin hatten meine Großeltern und ihre Kinder Hermann, Paul, Heinz und Edith Platz gefunden. So begab sie sich mit ihrem Pferdewagen auf die lange, beschwerliche Reise, die dann in einem Dorf, in Kaltenweide bei Hannover, endete.

Und noch ein Bruder meines Vaters starb in ganz jungen Jahren an den Kriegsfolgen, Onkel Eduard. Er hinterließ auch vier kleine Kinder. Beide Brüder waren Lehrer und hatten wie mein Vater in Sarata das Gymnasium besucht und anschließend studiert. Der Zweite Weltkrieg forderte einen hohen Blutzoll von unserer Familie. Auch der Sohn von Vaters Bruder Friedrich ist im Krieg gefallen. Willi war noch so jung und mußte in der Blüte seines Lebens sterben. Mein Cousin Helmut wurde auf der Flucht 1945 von russischen Soldaten erschossen, weil sie an seiner Jacke ein HJ-Abzeichen fanden.

Die bedrohenden Wolken am Kriegshimmel zogen sich mehr und mehr zusammen. Abends waren schon die Flammenzeichen am Himmel zu sehen. An den Kanonendonner hatten wir uns gewöhnt. Angst legte sich auf unser Gemüt, und wir Kinder ahnten, daß wir nun bald von den feindlichen Soldaten überrannt würden.

Auf der Flucht

Am Morgen des 19. Januar 1945 war ich noch in die Schule gegangen, aber schon nach einer Stunde Unterricht schickte uns die Lehrerin nach Hause. Auf unserem Gutshof herrschte Aufregung. Die Ackerwagen standen mit Zuckerrüben beladen noch auf dem Güterbahnhof. Zwei Knechte mußten die Rüben vom Wagen schaufeln und die Erde von den Brettern kehren. Ungeduldig wartete meine Mutter zu Hause auf die Knechte. „Wo bleibt ihr nur so lange? Wir müssen doch fort. Die russischen Panzer sind höchstens noch 80 km von uns entfernt. Ladet jetzt schnell Säcke mit Hafer auf die Wagen und helft dann, die Sachen aus dem Haus zu transportieren, die mitgenommen werden." Meine Mutter war erst ganz kurz vorher aus dem Krankenhaus geholt worden, wo sie mit einer schweren Gallenblasenentzündung und mit einer Gelbsucht wochenlang gelegen hatte. Nur ihrem Krankenhausaufenthalt war es zu verdanken, daß wir schon am 19. Januar 1945 flüchten konnten. Aber schon einen Tag später haben sich alle Deutschen auf die Wanderschaft begeben, von der man nicht wußte, wo sie hinführen sollte. „Westwärts!" hieß die Parole, immer nur „Westwärts!"

In unserer Küche herrschte Hochbetrieb. Die ganze Nacht hindurch hatten die Mägde Brötchen gebacken, die dann wie Zwieback haltbar gemacht wurden. Sie füllten mehrere Leinensäcke. Sie bewahrten uns auf unserem langen Fluchtweg vor den Russen vor Hunger. Aus der Räucherkammer ließ meine Mutter die Puten-, Gänse- und Entenschenkel holen und auf den Wagen laden. An Kleidung durfte nur das Nötigste mitgenommen werden, denn wir brauchten vor allen Dingen Platz für die Hafersäcke. Wie gerne hätte ich einige Bücher und mein kleines Puppenwägelchen auf den Wagen geschmuggelt – ich hatte diese Geschenke erst zu Weihnachten bekommen –, aber strengen Blickes wachte mein Vater über alles, was mitgenommen werden durfte. Zum Schluß fanden noch mehrere 20-Liter-Kannen Milch ihren Platz und ein großes Deckbett. Es hat uns vor dem Erfrieren bewahrt, denn die Temperaturen waren auf minus 20 Grad gefallen.

Es war schon fast Mitternacht geworden, als sich Vater von seinen treuen Mitarbeitern auf dem Hof verabschiedete. Er gab dem Betriebsleiter schon die letzten Anweisungen, als Mutter noch schnell unsere Magd zu sich rief: „Helena, hol noch schnell die Schinken vom Boden, die hätten wir ja beinahe vergessen!" Wie froh waren wir auf unserem monatelangen Fluchtweg über Speck und Schinken. In einer sternklaren Nacht verließen wir unser Gut. Meine Tante Anna mit ihrem Sohn Hugo schloß sich unsern zwei Wagen an. Onkel Rudolf aber durfte seinen Hof nicht verlassen. Er sollte als Volkssturmmann die russischen Truppen zurückschlagen.

Für uns Kinder begann ein richtiges Abenteuer. Noch hatten wir keine Angst. Vater und Mutter waren ja bei uns, und an den Kanonendonner hatten wir uns allmählich gewöhnt. Tag und Nacht zogen unsere sechs Pferde die beiden schweren offenen Kastenwagen über vereiste Straßen. Nur ab und zu wurde eine kurze Rast eingelegt, wenn die Pferde getränkt und gefüttert wurden. Am meisten zitterten wir, wenn über uns feindliche Bomber oder Tiefflieger auftauchten und ihr Dröhnen und ihre Schießereien uns Furcht einjagten. Wohin hätten wir fliehen sollen, uns blieb ja nur die Landstraße und ihr Graben. Wenn die tödlichen Salven über uns hinwegratterten, waren wir wie gelähmt. Manches Kindergebet stieg zum Himmel auf, dem dann der Dank folgte, wenn der Angriff vorüber war. Eine ständige Gefahr bot die Straßenglätte. Stürzte ein Pferd, dann bewegte uns die bange Frage: Wird das Tier wieder aufstehen können, oder hat es den Fuß gebrochen? Rechts und links lagen die Kadaver der getöteten Tiere, denn sie mußten nach solch einem Sturz einfach erschossen werden. Den Wagen aber schob man an den Straßenrand oder noch besser in den Graben. Zu Fuß ging dann die Flucht weiter. Was das für unsere Familie bedeutet hätte, ist kaum auszudenken. Meine Mutter litt ja noch unter den Folgen ihrer schweren Erkrankung und war zudem hochschwanger.

Eine Mutter mit zwei Kindern auf der Flucht

In dieser Zeit wurde schrecklich viel gelitten. Ich erinnere mich an eine Nacht. Frostig und sternenklar war der Himmel. Unser Treck überholte eine junge Familie. Die Mutter trug einen Rucksack auf ihrem Rücken. An einer Hand hielt sie ihren fünfjährigen Jungen, während das ungefähr zehn Jahre alte Mädchen tapfer an ihrer Seite schritt. Der kleine Junge weinte, denn der Wind blies ihm hart ins Gesicht. Die Mutter war verzweifelt. Mein Vater hielt die Pferde an, hob den Schreihals zu uns auf den Wagen, und er schlüpfte sofort unter das wärmende Federbett. Im Nu war der kleine Kerl fest eingeschlafen. Die Mutter und die Schwester aber faßten sich am Wagen an und hielten Schritt mit ihm, so kamen sie in dieser Nacht zügig voran. Am nächsten Morgen lieferte mein Vater die Mutter mit den Kindern an einer Bahnstation ab, und die Flucht wurde mit dem Zug fortgesetzt. Herzlich bedankte sich die Mutter: „Sie haben meinem kleinen Erich das Leben gerettet. Vor Erschöpfung hätte er nicht mehr weiterlaufen können. Das Kind wäre mir bei der Eiseskälte erfroren."

Eine Nacht in gräflichen Betten

Einmal bogen wir mit unserem Wagen von der Hauptstraße ab und machten auf einem großen Gut Rast. Im warmen Kuhstall hatten wir uns aus mehreren Ballen Stroh ein Lager gerichtet. Plötzlich erschien der Gutsherr und bat uns, in sein herrschaftliches Haus zu kommen. Er bewirtete uns mit herrlichen Köstlichkeiten. Aus der Speisekammer holte er Eier, Milch, Schinken, Wurst, Honig und Kartoffeln. Er erlaubte uns, auf dem Herd eine warme Mahlzeit zu kochen. Dann fügte er wie beiläufig hinzu: „Mein ganzes Haus steht Ihnen zur Verfügung. Holen Sie sich, was sie brauchen können. Übrigens habe ich im Keller noch alte Weine. Bitte, bedienen Sie sich!" Na, das war ein Angebot. In dieser Nacht hat auch der Graf sein herrschaftliches Anwesen verlassen und sich auf die Flucht begeben müssen. Jedenfalls schliefen wir in gräflichen Betten und füllten unsere Eßvorräte aus den Regalen des Gutshauses auf. Dann ging die Reise weiter, einer ungewissen Zukunft entgegen.

Die Gastfreundschaft der Sorben

In der Nähe von Cottbus erreichten wir den Spreewald. Dort machten wir zunächst eine unliebsame Begegnung mit einer sorbischen Familie. Der Bürgermeister des Dorfes hatte uns einen Hof zugewiesen, in dem wir die Nacht verbringen sollten. Aber diese Wenden empfingen uns nicht gerade freundlich. Sie wiesen uns einen Schlafplatz im Hühnerstall zu, in den sie mehrere Ballen Stroh geworfen hatten. Alles war schrecklich dreckig und stank nach Hühnermist. So hockten wir – noch in unsere Mäntel gehüllt – auf dem Stroh. Schlafen war hier unmöglich. So war guter Rat teuer. Was sollten wir bloß tun?

Die Wenden sind ein slawischer Volksstamm im Gebiet von Cottbus und Dresden. Rund 100 000 Menschen zählen dazu. Im Mittelalter haben sie sich hier angesiedelt und haben ihre kulturelle und völkische Eigenart bewahrt. Noch heute sprechen sie neben deutsch auch noch ihre slawische Muttersprache. Unter Adolf Hitler wurden sie wegen ihrer nichtarischen Herkunft beargwöhnt und hatten Demütigungen, ja Verfolgung zu ertragen. So war es verständlich, daß sie nicht gerade mit großer Begeisterung uns deutsche Flüchtlinge aufnehmen wollten.

Als sich der Bauer mit seiner Tocher in ihrer Landessprache unterhielt, schaltete sich mein Vater in das Gespräch ein, denn er sprach sehr gut russisch, und sorbisch und russisch sind verwandte Sprachen. Schlagartig wendete sich das Blatt. Unsere Quartiergeber waren die Freundlichkeit selbst. Sie holten uns aus dem Hühnerstall heraus und führten uns in ihre Küche. Wir wurden bewirtet, als wären wir die allerliebsten Gäste. Im Wohnzimmer wurde der Kachelofen geschürt. Die vier erwachsenen Töchter zogen ihre herrlichen bunten Trachten an. Sie sangen und tanzten, und wir verlebten einen wunderschönen Abend. Dann zeigten sie uns noch ihr Schlafzimmer und boten uns an, darin die Nacht zu verbringen. Wir versanken fast in den weichen, kuscheligen Federbetten und konnten uns wunderbar ausruhen. Als wir am nächsten Morgen mit unseren Pferdefuhrwerken aufbrachen – unser Treck bestand aus drei Wagen –, füllten sie unseren Essenskorb mit Speck, Butter, Eiern und Fleischdosen. Soviel Liebe und Herzlichkeit waren uns auf der Flucht noch nicht begegnet. Ich fühlte mich wie vom Aschenputtel im Hühnerstall in eine Prinzessin auf dem Schloß verwandelt, derart gegensätzliche Erfahrungen begleiteten meinen Fluchtweg. Diese Wenden im Spreewald werde ich nicht so schnell vergessen, und insgeheim hege ich den Wunsch, dieser wunderbaren Gegend einen Besuch abzustatten. Für mich war diese Stätte ein Ort des Glücks und der Freude, ja wie Weihnachten und Ostern zugleich. Gott möge diese lieben Menschen segnen, die uns soviel Gutes getan haben. Sie handelten nach dem Wort der Bibel: „Habt die Fremdlinge lieb und tut ihnen wohl!“

Ein schreckliches Stöberwetter

Tags darauf sah die Welt schon wieder ganz anders aus. Wir gerieten in ein schreckliches Stöberwetter hinein. Wir fuhren durch einen dichten Wald, und uns war gesagt worden, daß wir hinter dem Forsthaus links abbiegen sollten. Von da seien es noch ungefähr fünf Kilometer bis zu unserem neuen Rastort.

Wir fuhren und fuhren die etwas ansteigende Straße mit dem Kopfsteinpflaster hinan. Ich saß im letzten Wagen, auf dem auch meine kranke Mutter lag. Den Kontakt zu den beiden vor uns fahrenden Wagen hatten wir verloren. Unsere Pferde waren ausgelaugt und müde und trotteten langsam vor sich hin. Unser Kutscher Stachow trieb die Gäule an und schwang die Peitsche, aber durch die widrigen Wetterverhältnisse und die vielen Schlaglöcher war kein zügiges Vorankommen möglich. Wir hatten für unsere Fahrt Nebenstraßen gewählt, um nicht von Armeefahrzeugen aufgehalten zu werden. Aber diese Straßen waren meist in einem sehr schlechten Zustand. Zu alledem stieg noch unser Stachow vom Wagen und verschwand im Wald. Meine Mutter schrie sofort aus Leibeskräften nach meinem Vater. Noch heute höre ich den schrillen Ton in meinen Ohren. Sie war von Angst ergriffen, unser Kutscher könnte vielleicht bewußt immer langsamer gefahren sein, um einen immer größeren Abstand zu den anderen Fahrzeugen zu bekommen und dann mit unseren Pferden wieder in Richtung Polen umzukehren. Zu Hause hatte nämlich Stachow seine Verlobte zurückgelassen. Dann wären wir verloren gewesen. Russische Panzer hätten uns überrollt. Die feindliche Front lag ja gar nicht so sehr weit hinter uns. Schreckliche Greuelmärchen hatten unter den Flüchtenden die Runde gemacht und schürten die Angst, von den Polen um Hab und

Gut gebracht zu werden, wenn sie mit den Pferden einfach umkehrten.

Zum Glück tauchte unser Stachow aus dem Gebüsch wieder auf und fragte meine Mutter ganz verwundert: „Herrin, warum regst du dich so auf? Ich laß dich nicht im Stich. Man muß doch auch mal seine Notdurft verrichten können."

Der Schreck meiner Mutter aber war so groß, daß sie am nächsten Tag eine Gallenkolik erlitt und wir erst nach drei Tagen unsere Flucht fortsetzen konnten.

Wir entdeckten dann doch noch das Forsthaus und erreichten weit nach Mitternacht unser Quartier. Dort wurden wir von einem älteren Ehepaar schon lange erwartet und mit großer Herzlichkeit aufgenommen. In der „Guten Stube" war uns ein Strohlager gerichtet. Der kleine Kanonenofen glühte vor Hitze und spendete uns durchfrorenen Leuten eine wohlige Wärme. Auf dem Herd dampfte die Erbsensuppe. Sogar für Stachow war in der Küche ein Lager gerichtet. Die Pferde fanden im Stall Heu und Hafer in der Krippe vor und konnten sich auf einer Strohschütte von all den Strapazen ausruhen. Von unseren Quartiergebern war alles bestens vorbereitet. Es müssen wohl Christen gewesen sein, denn an den Wänden hingen Bibelsprüche.

Bei diesen Menschen atmeten wir tief durch

Eine Schandtat ist mir bis heute in Erinnerung geblieben, und wenn ich könnte, würde ich die Sache gerne in Ordnung bringen. In Krossen übernachteten wir bei einer Familie mit Kindern. Sie überließ uns sogar das Spielzeug. Dabei ist mir ein Mißgeschick passiert. Ich blies einen Hampelmann aus Gummi so stark auf, daß er an den Nähten aufplatzte. Anstatt zu meinem Malheur zu stehen und mich zu entschuldigen, versteckte ich den kaputten Hampelmann unter der Matratze des Kinderbettchens. Ich hatte schreckliche Angst, er könnte entdeckt werden. Spielsachen waren ja zu damaliger Zeit etwas sehr Kostbares, ja eine Rarität.

Nun hatten wir schon mehrere Wochen auf den Straßen zugebracht. Schnee und Eis waren inzwischen gewichen. Der Frühling sagte sich an, und in den Gärten blühten die ersten Schneeglöckchen und Krokusse. Die Vögel begannen ihr Lied in den Himmel zu zwitschern, und wir waren froh, daß Eisglätte und Frost vorüber waren. Aber da stellte sich uns ein neues Hindernis in den Weg. Wir näherten uns dem Harz, und an unserem Kastenwagen hatten wir keine Bremsen, denn bei uns in Warthegau war alles eben. Bergauf war die Fahrt noch eher zu schaffen, obwohl sich die Pferde tüchtig ins Zeug legen mußten und mächtig keuchten. Wir mußten alle vom Wagen absteigen und kräftig anschieben. Aber wenn es bergab ging, dann drohte uns eine Katastrophe. Äste mußten von den Bäumen abgesägt und dann in die Speichen gesteckt werden, damit die Räder blockierten. Es war ein gefährliches Unterfangen, man mußte neben dem Wagen herlaufen und den Ast fest in Händen halten und somit bremsen. Meist mußte ich mit meinen elf Jahren die Pferde lenken, während der Kutscher als Bremser fungierte. Jedesmal atmete ich erleichtert auf, wenn wir die Talsohle erreicht hatten und alles gutgegangen war. Schweißgebadet legte ich gerne dem Kutscher die Leine zurück in seine Hände. In einem Ort schenkte uns ein Schmied einen Hemmschuh. Er wurde unter ein Rad gelegt, das mit einer Eisenkette blockiert wurde. So schleifte der Hemmschuh über die Straße. Bei einer Abfahrt, die mehr als zwei Kilometer lang war, flog der Hemmschuh gerade in dem Augenblick ab, als wir den Berg hinter uns gelassen hatten. Er war durch die starke Beanspruchung in zwei Teile zerborsten. Wäre uns dieses Malheur auf halber Höhe passiert, wir wären rettungslos in den Abgrund gerast. Die Pferde hätten die schwere Last des Wagens nicht halten können. So erlebten wir viel Bewahrung auf unserer langen, beschwerlichen Reise.

Der Harz bot mit seinen herrlich blühenden Wiesen und Wäldern ein idyllisches Bild. Buschwindröschen, Himmelsschlüsselchen und Trollblumen lagen wie ein ausgebreiteter bunter Teppich vor uns. Fuhren wir an den Felsen vorbei und wurden sie von der Sonne bestrahlt, dann glitzerten und glänzten sie in vielen Farben. Einmal ließen sich die Pferde vom Geflimmer erschrecken, rasten los, und wir entgingen knapp einem Unglück. Wir waren sehr über den Frühling beglückt, denn unser Vorrat an Hafer ging zur Neige. Wenn wir irgendwo an einer Stelle Halt machten, dann band unser Knecht die Pferde von der Deichsel los und weidete sie auf den Wiesen. Manchmal machten wir uns auch ein Vergnügen und ritten ein Stück weit in den Wald hinein. Solch schöne Augenblicke halfen uns zu vergessen, daß wir auf der Flucht waren und bangen mußten, bald dem Feind in die Hände zu fallen. In Großörner bei Hettstedt endete zunächst unsere Fahrt. Bei einer Familie wurden wir einquartiert und erhielten ein Zimmer. Die Knechte schliefen bei unseren Pferden im Stall oder auf dem Heuboden. Dies war wohl die schrecklichste Zeit meines Lebens, denn Nacht für Nacht wurden wir durch das

Sirenengeheul aus dem Schlaf geschreckt. Wir konnten nur noch mit Kleidern ins Bett gehen. Ertönte die Sirene, dann mußte jeder sein Köfferchen oder seinen Rucksack nehmen und so schnell wie möglich in einen nahen Park rennen. Dorthin wurden auch die französischen Gefangenen gebracht, denn die Luftschutzkeller reichten bei weitem nicht für die Bevölkerung aus. Im Schutz der Bäume saßen wir auf Parkbänken und beobachteten die herannahenden feindlichen Fliegerverbände. Flogen sie bloß über unseren Ort hinweg, dann waren wir froh. Aber einmal wurden sogenannte Christbäume an den Himmel gesetzt. Plötzlich erhellten Leuchtkugeln die Nacht. Es wurde taghell. Wir rannten, so schnell wir konnten, los und verkrochen uns im Gebüsch. Dann hörten wir auch schon die heftige Explosion der Bomben. Ich verspürte den Luftdruck, der mich zu Boden drückte. Die Angst riß mir fast das Herz aus dem Leibe, und ich schrie zu Gott: „Vater im Himmel, rette uns! Laß uns nicht sterben!“ Als der Bombenangriff vorüber war, befühlte ich meine Arme und Beine. Ich war heilgeblieben. Ich kroch aus meinem Versteck, taumelte, wie wenn ich gelähmt sei, auf meine Parkbank zu und schrie nach meinen Eltern. Unbeschadet hatten wir den Angriff überstanden. Mit einem Stoßgebet dankte ich Gott für diese Rettung. Wir waren alle heil geblieben. Nicht weit von uns entfernt hatten die Bomben Todesopfer gefordert und verheerende Schäden angerichtet. Aber die Angst saß doch tief.

Die feindliche Front rückte immer näher. Trotz der Durchhalteparolen und Ankündigungen von Wunderwaffen im Radio wußten wir, daß der Krieg nicht mehr lange dauern könnte. Wenn wir auch unser ganzes Hab und Gut im Osten zurücklassen mußten, so besaßen meine Eltern doch noch einige Wertsachen. Sie galt es nun in Sicherheit zu bringen. In großen 20-Liter-Milchkannen hatte meine Mutter gebratenes Schweine- und Rindfleisch eingelegt und mit Schmalz übergossen. So war es für längere Zeit haltbar gemacht worden. An einem Abend gruben mein Vater und Onkel Rudolf ein Loch in den Garten unseres Hauswirts; sie wollten darin drei Kannen versenken. Meine Mutter beobachtete vom Fenster aus ihr eifriges Tun. Plötzlich entdeckte sie, wie ein Nachbar über eine hohe Mauer blickte. „Albert, Rudolf, hört auf!" Verwundert schauten die beiden auf. Mutter deutete nur mit der Hand auf das benachbarte Grundstück. Ein paar Tage später wurde erneut ein Loch in die Erde gegraben. Diesmal gab es keine heimlichen „Gucker".

Die Amerikaner sind im Anmarsch

Die Bombenangriffe auf Großörner wurden immer gefährlicher. Rüstungsbetriebe waren hier angesiedelt, und ihnen galt die feindliche Zerstörungswut. Mein Vater war auf Sicherheit bedacht und beschloß, mit unseren Pferden in einen kleineren Ort zu ziehen. An einem frühen Morgen luden wir unser spärliches Hab und Gut wieder auf unsere Wagen auf und fuhren nach Harzgerode. Es wurde eine abenteuerliche Fahrt. Auf den Straßen verstellten uns Panzersperren den Weg. Volkssturmmänner hatten riesige Buchenbäume gefällt und quer über die Straße geschleift. Auf unserer Fahrt konnten wir nur noch querfeldein vorankommen. Manchmal mußten wir sechs Pferde vor einen Wagen spannen, um die Panzersperren zu umfahren. Mit lauten Hüh!-Hüh!-Rufen wurden die Pferde zu Höchstleistungen angetrieben. In Harzgerode wehrte der Bürgermeister ab: „Fahren Sie bloß wieder zurück, unser Dorf ist mit Flüchtlingen überbelegt. Wir können niemanden mehr aufnehmen!“ Wir kehrten um und mußten wieder querfeldein über Busch und Stein fahren, um die Panzersperren zu umgehen. Es war eine schreckliche Schinderei für Mensch und Tier. Mehrmals wurde unser Treck von Tieffliegern beschossen. Wir sprangen vom Wagen ab und suchten Deckung. Aber auf offener Straße gab es kein Haus, keine Mauer, keinen Graben. Schutzlos waren wir und unsere Pferde dem Maschinengewehrfeuer ausgesetzt. Die Pferde scheuten und rissen sich von der Deichsel los. Es waren brenzlige Situationen, aber Gott hielt seine bewahrenden Hände über uns und unser Gut. Manchmal packte uns auch der Groll, und wir schimpften über den hartherzigen Bürgermeister, der uns kein Dach über dem Kopf gegeben hatte. Mit einem kleinen Zimmer wären wir schon zufrieden gewesen, oder mit einem Platz in einer

Scheune im Heu. Bitterkeit stieg in uns auf. Die Dunkelheit brach schon herein, und wir wußten noch immer nicht, wo wir unsere müden Glieder ausstrecken konnten. Für meine Mutter war die Lage besonders notvoll. Der Geburtstermin war schon erreicht, und sie sah ihrer schweren Stunde mit Bangen entgegen. Vor uns lag Königerode. Würden wir hier eine Zufluchtstätte finden? Unsere Situation war hoffnungslos. Wir mußten weiterfahren. SS-Soldaten bevölkerten dieses schöne Dorf. Rechts der Straße sahen wir in der Dunkelheit noch einen Kirchturm in den Himmel ragen. So bogen wir ab und landeten in Braunschwende. Mein Vater ging von Haus zu Haus und bat bei den Bauern um eine Unterkunft für die Nacht. Aber alle Häuser waren schon mit Flüchtlingen überbelegt. So suchten wir im einzigen Gasthof einen Platz für die Nacht. Er war mit Militär übervoll ausgelastet. Aber irgendwo fanden wir neben den Soldaten noch ein Bett für meine Mutter. Sie hatten ein Herz für sie, denn es war nicht zu übersehen, daß die Stunde der Geburt näherrückte. Wir Kinder holten uns unser Federbett vom Wagen und legten es auf die Holzdielen. Todmüde schliefen wir sofort ein. Als wir am nächsten Morgen erwachten, hatten sich die Soldaten alle aus dem Staub gemacht. Sie müssen wohl panikartig aufgebrochen sein, denn auf den Betten und in den Spinden lagen noch ihre Sachen: Rasierzeug, Schuhe, Fotos und auch Lebensmittel, über die wir uns besonders freuten, denn unsere Mägen waren leer. Es war uns zumute, als habe uns Gott ein Manna gerichtet.

Aber der Gastwirt gab uns gleich zu verstehen, daß wir nicht länger in seinem Saal bleiben dürften. Wieder ging die Sucherei los. Gegenüber dem Löschteich stand ein unbewohntes Haus. Dort wurden Altmaterialien gelagert. Mein Vater schaute sich das etwas verwahrloste Haus an und war entschlossen, hier Quartier zu beziehen. Sofort machte er sich mit den Knechten an die Arbeit, sämtliche Lumpen, Knochen, Eisenteile und

Papierballen aus den Zimmern zu schaufeln. Wir alle halfen mit, und innerhalb eines Tages hatten wir das ganze Haus von Unrat befreit. Ein freundlicher Bauer überließ uns etwas weiße Farbe, und unser Stachow tünchte sofort die Wände. Aus hygienischen Gründen war dies dringend nötig. In der angrenzenden Scheune fanden wir einen alten gußeisernen Herd und schlossen ihn an. Unsere Wagenbretter dienten uns als Unterlage für unsere Schlafstatt. Elektrisches Licht und fließendes Wasser waren nicht vorhanden, aber im Hof war ein tiefer Brunnen, und so hatten wir alles, was wir zum Leben nötig hatten. Heute staune ich, wie anspruchslos wir damals waren. Wir waren dankbar, wenn wir unsere nackte Haut retten konnten. Todmüde sanken wir an diesem Abend auf unsere Lagerstatt, aber der Beschuß durch feindliche Truppen war so stark, daß wir kein Auge zumachen konnten. Am nächsten Morgen drang die Nachricht bis zu uns durch, Königerode sei von der SS bis auf den letzten Mann verteidigt worden. Kein Haus sei unbeschädigt geblieben. Noch immer steige der Rauch aus den Gehöften. Zwei Tage später fuhren die feindlichen Panzer auch durch unser Dorf. Aber bei uns war kein einziger Schuß gefallen. Braunschwende war vom Bürgermeister kampflos übergeben worden. Zum Zeichen, daß nicht gekämpft werden sollte, hatte die Bevölkerung weiße Bettücher aus den Fenstern gehängt. Natürlich waren wir jetzt froh, daß wir auf unserem Fluchtweg in Königerode keine Bleibe gefunden hatten, ja wir dankten Gott für unsere Bewahrung. Die ersten amerikanischen Truppen, die einmarschierten, waren Schwarze. Zum erstenmal sah ich Farbige. Jedes Haus wurde nach Soldaten und Waffen durchsucht. Wir hatten große Angst, denn die Propaganda hatte die Russen, Amerikaner, Engländer und Franzosen in schaurigen Geschichten dargestellt. Meine ältere Schwester war 15 Jahre alt und hielt sich in der Scheune im Heu verborgen. Wir hatten wirklich großes

Glück, denn uns wurde kein Leid angetan. Ja, die Soldaten schenkten uns Kindern Schokolade und Kaugummi. Ringsum wurden die Häuser für die Besatzungsmacht geräumt, wir aber durften in unserer Behausung bleiben. In unsere Räuberbude wollte kein Soldat ziehen. Wer hätte schon in einem Haus ohne Wasser und Licht wohnen wollen? In dieser bedrohlichen Zeit stand uns unser Stachow zur Seite. Da er Pole war, wurde er von den Siegermächten mit vielen Vorteilen bedacht. Er erhielt aus deutschen Armeebeständen Lebensmittel. Er übernahm nun das Kochen und lud uns als Gäste ein. Wie schnell können sich Verhältnisse ändern. Wenn nun auch die Bombardierung, der Tieffliegerbeschuß und der Kampf aufgehört hatten, so habe ich die Niederlage unseres Volkes als große Schmach und Demütigung empfunden. Wenn die deutschen Soldaten mit erhobenen Händen als Gefangene durch die Dorfstraße geführt wurden, war es mir weh ums Herz. Wie würde es nun mit uns Deutschen weitergehen? Ich dachte auch an nahe Familienangehörige, die auch Soldaten waren und von denen wir schon lange keine Nachricht erhalten hatten. Was würde mit ihnen geschehen? Lebten sie überhaupt noch? Manchmal warf ich mich auf meine Decke, die auf dem Fußboden lag, und war von Angst wie erstarrt. Nie mehr wieder möchte ich solche Tage erleben.

Geburt und Tod

In der Nacht zum 2. Mai setzten bei meiner Mutter die Wehen ein. Ein Militärfahrzeug brachte sie in die nächste Klinik nach Wippra. Dort wurde sie von einer Tochter entbunden. Unsere Freude war groß. Wie lange hatten wir auf diese Stunde gewartet. Nun war ein hübsches kleines Mädchen geboren. Wir gaben ihm den Namen Erika. Jeden Tag bettelte ich bei den Bauern des Dorfes, daß sie mir Eier, Milch, Brot und andere nahrhafte Lebensmittel für meine Mutter gäben, denn die Versorgung im Krankenhaus war katastrophal. Einmal schenkte mir unsere Nachbarin im Krankenhaus sogar ein Täubchen, und wir kochten eine kräftige Suppe davon. Es war zwar verboten, das Dorf zu verlassen, aber wir Kinder waren mutig, galt es doch, für die Mutter zu sorgen. Ich wurde auch nie von der amerikanischen Militärpolizei angehalten oder belästigt. Wir bangten um unsere Mutter, denn sie war durch die Strapazen der Flucht sehr elend und schwach. Das größte Problem war das Stillen. Das Baby war zwar ein schönes, großes Kind, aber auch sehr elend. Es hatte keine Kraft zum Trinken, und schon nach fünf Tagen starb unser kleiner Schatz. Wir waren entsetzt, als unser Vater mit dem toten Kind zu uns kam.

Auf zwei Wagenbrettern bahrten wir den kleinen Leichnam auf. Da lag das langersehnte Geschwisterchen auf einer weißen Windel starr und totenblaß auf dem rauhen Holz. Wir Kinder waren verzweifelt und untröstlich, weil wir dem schrecklichen Sterben tatenlos hatten zusehen müssen. Dieses zarte, gerade entzündete Lebenslichtlein war jäh wieder erloschen und hatte bei uns Entsetzen ausgelöst. In unserem Schmerz gingen wir auf die Harzwiesen, pflückten Trollblumen und Primeln und schmückten damit das graue, rissige Holz. Schließlich fand ich sogar einen Schreiner, der es nicht übers Herz brachte, mich weinendes Flüchtlingskind unverrichteter Dinge wegzuschikken. Geduldig hörte er mir zu, wie ich mit tränenerstickter Stimme meine Bitte stammelte. Dann versprach er mir, einen kleinen weißen Sarg zu zimmern.

Stachow, unser Knecht, hob mit meinem Vater das Grab aus. Wir Kinder trugen den Leichnam selbst unter viel Weinen und Schluchzen auf den Gottesacker. Es war wohl die kleinste Beerdigung, der ich je beigewohnt habe. Ich verspüre heute noch den Schmerz, wenn ich in Gedanken sehe, wie der kleine weiße Sarg in die Erde hinuntergelassen wurde. Die Schaufel Erde, die polternd auf den Sargdeckel fiel, ließ mich erzittern. So betteten wir das tote Kind auf dem Friedhof Braunschwende in die fremde Erde, stellten ein Holzkreuz darauf und pflanzten ein Tännchen. Ich verstand Gott nicht mehr. Erst gibt er uns das Geschwisterchen, und dann nimmt er es wieder. Die Erfahrung des Todes hat mir viel Angst bereitet. Traurig nahm ich den Kinderwagen und das Körbchen und brachte es der Bauersfrau zurück, die mir die Sachen freundlicherweise ausgeliehen hatte. Dankbaren Herzens denke ich an die Menschen in Braunschwende, die mich zu trösten versuchten, mich an ihren Tisch einluden oder für meine Mutter eine Kanne Milch mitgaben. Eine Nachbarin schenkte mir sogar eine große Wurst und holte aus ihrem Garten Salat und Küchenkräuter. Das sind Erfahrungen der Liebe. Sie haben mir ungemein wohl getan. Es gab Christen, die sich unserer Not annahmen.

In Braunschwende besuchte ich auch den Kindergottesdienst und weiß, wie mich die Geschichten von Jesus innerlich berührten. Mich erfüllte eine tiefe Sehnsucht nach Gott, wenn ich ihn auch nicht immer in seinem Handeln verstand. Wir blieben ungefähr vier Wochen in diesem Harzdörfchen. Täglich ritten wir mit unseren Pferden hinaus in den Wald, um sie zu weiden. Abends saßen wir in der Familie zusammen und spielten Karten oder unterhielten uns über unsere Heimat. Am schönsten war es, wenn Vater uns Geschichten erzählte. Wenn die Bauern abends oder morgens ihre Kühe gemolken hatten, machte ich mich mit einer Milchkanne auf den Weg und bettelte. Ich kann mich nicht erinnern, daß mein Kännchen je leer blieb. Aus diesem Grund schloß sich mir mein Cousin an: „Lotte, du machst deine Sache gut, komm, nimm mich mit!"

Ein Neuanfang ist in Sicht

Ungefähr vier Wochen blieben wir in Braunschwende. Wir hatten uns schon recht gut eingelebt und hatten auch für unsere Pferde eine passende Unterkunft gefunden. Dann sikkerte die Nachricht durch, die Länder Thüringen und Sachsen würden von den Amerikanern verlassen und von den Russen besetzt werden. Wir packten sofort unseren Wagen. Diesmal hatten wir nur ein Gespann zur Verfügung. Zwei Pferde waren uns nämlich gestohlen worden, und ein Pferd hatte mein Vater verkaufen müssen. Wir waren durch den Verlust von Hab und Gut an Entbehrungen gewöhnt und haben unseren gestohlenen Pferden nicht allzusehr nachgetrauert. Mein Vater fuhr zur Militärregierung und holte sich die Erlaubnis zur Weiterfahrt. Ein Soldat fragte ihn, wohin denn die Reise gehen sollte. „Ja, nach Westen, immer nach Westen", lautete seine Antwort. „Aber in welche Stadt?" In diesem Augenblick fiel ihm der Ort Bebra ein. Dorthin waren Flüchtlinge gereist und hatten ihm diesen Namen genannt. Nun stand auf unserem Passierschein „Bebra". Aber wo lag Bebra? Wir suchten auf unserer Landkarte und waren glücklich, als wir Bebra tatsächlich in Grenznähe zu Thüringen in Hessen fanden. So brachen wir auf und verließen Braunschwende, den Ort, der uns so tiefgreifende Ereignisse, aber auch herzliche Liebe und Verstehen durch die Dorfbewohner beschert hatte. Diesmal ließen wir unseren Stachow zurück. Er hatte Vater gebeten, doch wieder nach Polen zu seiner Verlobten reisen zu dürfen. Unser polnischer Knecht hat uns sehr viel Gutes getan. Wie treu hat er unsere Pferde versorgt und gepflegt, so als wären sie seine eigenen. Von seinen Lebensmitteln, die sehr reichhaltig waren und aus deutschen Armeebeständen stammten, hat er an uns abgegeben. Es hat uns schon mit Wehmut erfüllt, als wir uns von ihm trennen mußten.

So fuhren wir los, unserem neuen Reiseziel entgegen. Der Juni war schon angebrochen, und an den Straßenbäumen wurden die ersten Kirschen reif. Manchmal hielt mein Vater unter einem solchen Baum an, und wir pflückten uns die herrlichen Früchte, das erste frische Obst. An den Straßengräben mähten wir Gras und fütterten damit unsere Pferde. Die Fahrt verlief ohne Zwischenfälle.

So gelangten wir bis nach Wanfried. Auf einem Gut machten wir Rast. In einer Scheune im Heu richteten wir unser Quartier ein. Das Wetter war sommerlich warm, und wir erlebten in der Werra unsere ersten Badefreuden. Auf einem Wehr, das mit herrlich weichem Moos bewachsen war, rutschten wir hinunter. Welch ein Spaß! Fünfzig Jahre später fuhr ich zufällig wieder an diesem Wehr vorbei. Lebhaft konnte ich mich an die wunderschönen Tage in Wanfried erinnern.

Unser Reiseziel hatten wir nun fast erreicht. Wo würden wir Aufnahme finden? Wo könnte Vater arbeiten? Er fuhr mit dem Fahrrad in der Gegend umher, und auf dem Gut Mischels in Breitenbach bei Bebra wurde er fündig. Mit seinen Pferden sollte Vater helfen, das Land zu bewirtschaften. Hätte er Mutter nicht an seiner Seite gehabt, wäre dieses Wagnis nicht gelungen. Vater hatte zwar Agrarwissenschaften studiert, aber nie praktisch diese Arbeiten auf den Feldern verrichtet. Es war eine gewaltige Herausforderung für ihn. Aber Mutter stand ihm tapfer zur Seite, und gemeinsam waren sie stark. Meine Mutter zeigte ihm, wie die Pferde vor den Pflug gespannt wurden und wie die Sämaschine zu bedienen war. Sie war ständig an seiner Seite und hat neben der Versorgung der großen Familie Außerordentliches geleistet. Die Zeit auf dem Gut in Mischels dauerte ein knappes Jahr. Es war besonders die Gutsherrin, Frau Ritter, die sich unserer Not annahm. Sie ließ ihre Beziehungen spielen und sorgte dafür, daß wir Kinder unsere ersten Mäntel erhielten. Die dunkelblauen Mantelstoffe hatte sie selbst aus der Fabrik besorgt. Frau Ritter blieb uns bis zu ihrem Tod verbunden. Sie war eine wunderbare Frau, und Helfen gehörte zu ihrem Leben.

Im Jahr darauf machte sich Vater selbständig. Er gründete ein Fuhrunternehmen. Es war ein mühsamer Anfang mit vielen Entbehrungen. Vater holte mit unseren Pferden Holz aus dem Wald, schleifte Baumstämme – eine schrecklich gefährliche Arbeit –, pflügte für die Kleinbauern die Felder und half ihnen, die Ernte einzubringen. Die einzelnen Haushalte erhielten ihre Zuweisungen an Brennholz. Wurden die Holzzettel auf dem Bürgermeisteramt ausgegeben, dann mußte ich mich sofort auf den Weg machen und von Haus zu Haus gehen und fragen, ob mein Vater den Leuten das Holz holen dürfe. Dies war keine leichte Aufgabe, manchmal genierte ich mich, aber wie gut, daß ich auf unserem Fluchtweg das Betteln gelernt hatte, so war mein Bemühen doch vom Erfolg gekrönt. Ich war stolz, wenn ich recht viele Kunden hatte anwerben können. Ich hatte das Gefühl, Großes für meine Familie zu leisten. Das machte mich mutig. So lernte ich auch viele Menschen kennen – gute und böse. Als Vater meine Tüchtigkeit erkannte, wies er mir eine andere, noch schwierigere Aufgabe zu. Ich mußte von sogenannten „faulen Kunden“ das Geld eintreiben. Dies war ein sehr unliebsames Unterfangen. Manchmal mußte ich zwei oder drei Mal bei solch zögerlichen Zahlern aufkreuzen, bis ich die paar Mark, die sie uns schuldeten, in der Tasche hatte. Aber ich ließ nicht locker, wir wollten doch überleben.

Bald schon nach dem Zusammenbruch Deutschlands wurden auch wieder die Schulen geöffnet. Ich besuchte den Unterricht bei Lehrer Blättner. Er war klein von Statur und hatte weißgraues Haar. Ich hatte bei ihm das Gefühl, überhaupt nicht beachtet zu werden. Wir waren ja als Flüchtlingskinder neu in der Klasse und besaßen auch keine Bücher, Hefte oder

Schulranzen. Es war eine schrecklich arme Zeit. Einzelne leere Blätter waren mein ganzes Schulmaterial. Obwohl ich früher eine sehr eifrige Schülerin war und für mich feststand: „Ich werde einmal Lehrerin“, verlor ich nun alle Lust am Lernen. Aber das änderte sich mit einem Schlag. Wir sollten das Gedicht von Annette von Droste-Hülshoff lernen „Der Knabe im Moor“. Ein Schüler nach dem andern kam an die Reihe, aber über ein Stottern und Stammeln kamen sie nicht hinaus. Schließlich wurde auch ich in der letzten Reihe aufgerufen. Ich habe schon von jeher gerne Gedichte auswendig gelernt und konnte alle Strophen fehlerfrei aufsagen. Mein Vater hatte zudem mit mir noch die Betonung und die Klangmalerei eingeübt. So begann ich laut und deutlich:

„Oooo, schaurig ist's, übers Moor zu gehn,
wenn es wimmelt vom Heiderauche,
sich wie Phantome die Dünste drehn
und die Ranke häkelt am Strauche,
unter jedem Tritte ein Quellchen springt,
wenn aus der Spalte es zischt und singt,
o, schaurig ist's übers Moor zu gehn,
wenn das Röhricht knistert im Hauche!“

Plötzlich horchte der Lehrer auf. Die Art des Vortrags gefiel ihm. Von nun an gehörte ich auch zu den Guten in der Klasse und wurde gelobt. Von der hintersten Reihe wurde ich nach vorne versetzt. So gewann ich die Lust am Lernen wieder. Noch heute liebe ich das Gedicht „Der Knabe im Moor“. Für mich war dies ein großartiges Erfolgserlebnis.

Christen nehmen uns in ihr Haus

Den Gutshof Mischels hatten wir verlassen und waren nach Breitenbach gezogen. Opa Becker nahm uns in sein Haus auf. Weit öffnete er seine Tür, gab uns eine große Küche und eine Kammer dazu. Später richtete er noch im ersten Stock ein kleines Zimmer für uns ein. Freundlich wurden wir von ihm und der Familie seines Sohnes empfangen und auch sogleich in die Bibelstunde eingeladen, die jeden Donnerstagabend in seiner Wohnung stattfand. Es war Gottes wunderbare Führung, daß wir gerade in dieses Haus kamen. Der Weg zum Evangelium war uns nun gebahnt. Opa Becker, sein Sohn und auch seine Schwiegertochter waren wunderbare Menschen. Sie haben an uns viel Gutes getan. Wenn sie ein Schwein schlachteten, dann durften wir uns Fleischbrühe holen, und meist schwamm darin noch ein großes Stück Fleisch. Manchmal bekamen wir Milch geschenkt oder eine rote Wurst. Wie oft stellte Opa Becker ein Schüsselchen mit Kochkäse auf unseren Küchentisch oder Gemüse aus dem Garten. Sogar für unsere Pferde schuf er Platz in seinem Stall. Opa Becker war von Beruf Stellmacher. Als Vater mit dem Holzfahren begann, hat er ihm die Leitern für seinen Wagen gezimmert. In einer Zeit, in der es nichts zu kaufen gab, war dies eine ungeheuer große Tat.

Manchmal rief uns Opa Becker in seine Küche: „Kinder, heute gibt es Zwetschgenkuchen!“ Das ließen wir uns nicht zweimal sagen und setzten uns schnell an den Tisch. Wir lernten ihn lieben wie unseren eigenen Großvater, der für uns so weit weg wohnte.

Und dann kam Weihnachten 1945. Es war das ärmlichste Fest, das ich je in meiner Familie gefeiert habe. Wir hatten keine Geschenke, keine Plätzchen, keinen Tannenschmuck. Mein Vater hatte aus dem Wald ein kleines Tannenbäumchen mitgebracht und auf den Küchentisch gestellt. Statt Lametta und glitzernden Kugeln lagen die Fotos von unseren Lieben, die im Krieg gefallen oder vermißt waren, um den Christbaum. Wir standen in einem Kreis versammelt und sangen unsere alten Weihnachtslieder, so wie wir sie in Bessarabien auch gesungen hatten: „Süßer die Glocken nie klingen als zu der Weihnachtszeit“. Meiner Mutter liefen die Tränen über die Wangen, wenn sie an ihr Kind dachte, das sie hatte sterben sehen. Eine große Traurigkeit fiel auf uns. Plötzlich klopfte es an die Tür. Opa Becker stand vor uns: „Heute ist Weihnachten, und wir haben allen Grund, uns zu freuen. Christus ist geboren! Ich lade euch alle ein, mit uns bei meinem Sohn im Nachbarort Weihnachten zu feiern.“ Bei uns gab es ein großes Hallo. Schnell zogen wir uns an, und dann hüpften und sprangen wir über die Wiesen, nach Weiterode im Nachbarort. Dort wurden wir von Christen empfangen, als wären wir die allerliebsten Gäste. Auf dem Tisch standen lauter herrliche Leckerbissen: Schinken, Wurst, Käse, Kuchen und Plätzchen. Dann sangen wir die alten Weihnachtslieder – nun voller Freude. Der Sohn von Opa Becker las die Weihnachtsgeschichte und hielt eine kurze Andacht. Dann betete er noch mit uns. Unsere Freude kannte keine Grenzen. Erst sehr spät kamen wir nach Hause und waren glücklich, weil Christen mit uns Weihnachten gefeiert haben. So hat Gott uns immer wieder Menschen in den Weg gestellt, die uns viel Gutes und Liebes getan haben.

Zu ihnen gehört auch das Pfarrerehepaar Scheffer. Wie hat es sich bemüht, uns mit dem Allernotwendigsten zu versorgen. Wir waren ja so arm wie eine Kirchenmaus. Im Sommer verdiente mein Vater etwas Geld mit Holzfahren, 5 Mark pro Raummeter. Auf seinen Wagen konnte er aber nur anderthalb Raummeter aufladen. Es läßt sich sehr leicht ausrechnen, wie gering der Verdienst war. Das Holzfahren war ein höchst schwieriges und zudem gefährliches Unternehmen. Oft mußten wir Kinder, als wir herangewachsen waren, mit Hand anlegen. Querfeldein ging die Fahrt über Stock und Stein durch den holprigen Wald. Die Wege waren auch mit tiefen Schlaglöchern übersät. Meist mußte ich das Bremsen übernehmen. So lief ich hinter dem Wagen her und drehte die Bremsen auf und zu. Dabei mußte ich aufpassen, daß ich nicht stolperte und hinfiel. War ich unten am Berg angelangt, dann hatte ich oft Tränen in den Augen, weil mir die Angst so viel zu schaffen machte. Wurden die Wege besser, dann durfte ich vorne neben Vater aufsitzen. Wieder hat er Geschichten erzählt, wahre, spannende Geschichten. Er war wirklich ein Meister im Geschichtenerzählen. Manchmal fuhren wir ein oder zwei Stunden durch den herrlichen Wald, und ich lauschte seinen Erzählungen. Kein Kind hätte glücklicher sein können als ich. So war es für mich oft sehr anstrengend, mit Vater zu arbeiten, aber auch herrlich zugleich. War er am Ende einer Geschichte angekommen, dann plapperte ich gleich los: „Papa, erzähl weiter, immer weiter!“ Ich war ganz stolz auf meinen Vater, auch wenn er in dieser Zeit als armer Flüchtling von anderen wenig geachtet war. Von dem geringen Erlös durch das Holzfahren mußte noch der Tierarzt bezahlt werden, wenn unsere Pferde krank wurden, oder auch eine Reparatur des Geschirrs oder des Wagens. Was die Pferde im Sommer verdienten, fraßen sie im Winter mit dem Hafer und Heu, das wir kaufen mußten, wieder auf. Wir litten auch Hunger, und als Pausenbrot konnte ich manchmal nur zwei kleine Pellkartoffeln im Ranzen finden. Diese Geldnot hat mir schwer zu schaffen gemacht, und ich mußte manchmal auch betteln gehen. Wir waren nicht krankenversichert, und unsere Ärztin hatte Mutter eine Medizin verschrieben, die sie dringend brauchte. An vier Türen klopfte ich vergeblich an, und erst an der fünften lieh mir Frau Schade fünf Mark. Ich lief, so schnell ich konnte, nach Bebra in die Apotheke und besorgte die Arznei. Ich fühlte mich als Lebensretter, als ich meiner Mutter die Tropfen bringen konnte. Alle diese notvollen Erfahrungen haben mich lebenstüchtig gemacht. Früh lernte ich, Verantwortung für meine Familie zu übernehmen. Jeder in der Sippe mußte dazu beitragen, daß wir überlebten.

An den langen Winterabenden wurde Sirup aus Zuckerrüben gekocht. Wir waren glücklich, wenn Vater irgendwo einen Zentner Rüben erstehen konnte. Dann saßen wir alle in einer großen Runde in der Küche, putzten und wuschen die Rüben und kochten sie in einem großen Kessel im Keller. Ich wurde losgeschickt, um eine Presse bei den Bauern auszuleihen. Stolz wie ein Spanier schleppte ich die Saftpresse auf einem Handwagen herbei. „Meine Lotte schafft's!“ lobte mich mein Vater. Bis spät in die Nacht wurde dann aus dem ausgepreßten Saft Sirup gekocht.

Lustig war auch immer am Samstag das Baden. Quer durchs Zimmer spannte meine Mutter eine Leine und hängte eine Decke darüber. Auf dem Kohleherd dampfte das Wasser in mehreren Töpfen. Einer nach dem anderen stieg in die ausgeliehene Zinkwanne. Wer sein Bad genommen hatte, saß bei Vater auf dem Bett. Bei unserem Pfarrer Scheffer durften wir uns aus seiner großen Bibliothek jede Woche einige Bücher ausleihen. Dann hockten wir dichtgedrängt in der Küche und lasen Schillers oder Goethes Dramen in verteilten Rollen. Dabei achtete Vater darauf, daß wir den Text gut betonten, und so habe ich sehr früh das Deklamieren gelernt. Wunderbare Stunden verlebten wir mit Don Carlos, mit Schillers Egmont, und wenn ich an das Drama Stella denke, dann empfinde ich noch heute die Tränen, die mir damals über die Wangen rollten. Nicht immer habe ich die Tragödien ganz verstanden, aber in den Gesprächen, die folgten, wurden mir die Stücke doch erschlossen. Ich habe beim Lesen viel Freude erfahren, und wahrscheinlich rührt von dieser Zeit her meine Liebe zum Buch.

Im Pfarrhaus durften wir uns einmal auch gebrauchte Kleidungsstücke holen. Sie stammten aus einer Spende aus Amerika. Leider war für mich nichts Passendes dabei, aber meine Mutter und auch meine älteste Schwester fanden herrliche Kostüme, Röcke und Blusen. Als Alide dann noch ein paar braune Pumps ergatterte und damit stolz wie ein Model durchs Zimmer lief, zählte sie von dem Zeitpunkt an zu den Erwachsenen.

Kurz nach Kriegsende trafen auch die ersten Carepakete aus Amerika in Deutschland ein. Hier und da kamen Leute in den Genuß von Köstlichkeiten, von denen der Normalsterbliche nur träumen konnte. Auch meine Tante Anna erhielt jeden Monat von ihrem Bruder ein solches Paket. Wir hatten leider keine Verwandten über dem Ozean und gingen leer aus. Es machte mich richtig traurig, wenn Tante Anna voller Freude erzählte: „Heute hat uns der Briefträger wieder ein Carepaket gebracht.“ Manchmal lud sie uns auch zu einer Kostprobe ihrer vielen Leckerbissen ein.

Es gab einen Tag, den werde ich mein Leben lang nicht vergessen. „Herr Hannemann, auf der Post liegt ein Paket für Sie. Es war zu groß, als daß ich es Ihnen hätte ausliefern können. Holen Sie es bitte selbst ab!“ Zweimal ließen wir uns dies vom Postboten nicht sagen. Wir rannten alle mit Vater um die Wette. „Ein Paket, ein Paket aus Amerika ist da“, riefen wir fast allen Vorübergehenden zu. „Wer könnte uns bedacht haben?“, rätselten wir. Und dann nahmen wir es auf der Post entgegen. Es war wirklich groß, riesengroß. Aber für uns hätte es gar nicht groß genug sein können. Wir Kinder faßten alle mit an, und vereint trugen wir es nach Hause. Wir sprangen, hüpften, jubelten und drängten auf schnellstem Weg zur Mutter, die daheim auf uns wartete. Mit einem scharfen Messer schnitt Vater die Stricke durch und löste das Packpapier. Wir standen dicht um ihn herum, als er den Karton öffnete, und waren wie verzaubert, als der Inhalt zum Vorschein kam, und staunten mächtig. Ehe wir aber die einzelnen Geschenke auspackten, stimmte Vater erst mal ein Lied an, und wir alle sangen nun: „Nun danket alle Gott mit Herzen, Mund und Händen". Nie werde ich das Glücksgefühl vergessen, das ich beim Singen empfand. Vor uns lag ein Paket aus Amerika, und wir wußten noch nicht einmal, wer uns diese Wohltat hatte zukommen lassen. Später erfuhren wir, daß ein weitläufiger Verwandter meiner Mutter aus Alberta in Kanada unsere Adresse ausfindig gemacht hatte. Ach, was packten wir da alles aus! Dosen mit Schmalz – Fett war damals heißbegehrt –, Wurst, Schokolade, Zucker, Kakao, eine große Tüte mit Bonbons, warme Kleider, Schuhe, Erdnußbutter und noch vieles mehr. Mich freute vor allen anderen Dingen, daß an der Seite ein kleines Handtäschchen steckte, das mit Pralinen gefüllt war. So etwas Feines hatte ich noch nie gesehen, geschweige denn gegessen. In uns stieg Dankbarkeit auf, und wir lebten in dem Bewußtsein: Wir sind von Gott noch nicht vergessen. Meiner Mutter standen Tränen in den Augen.

Wunderschön waren die Sommermonate. Ganze Scharen von Männern, Frauen und Kindern machten sich auf den Weg, um im Wald nach Heidelbeeren und Himbeeren zu suchen. Morgens ganz früh so gegen halb sechs war Abmarsch. Mit unseren Bechern, Milchkannen und Eimern rückten wir aus. Am Spätnachmittag kehrten wir mit unseren vollen Gefäßen nach Hause zurück. Dann wurden die Beeren verlesen, gewaschen und zu Marmelade und Kompott verarbeitet. Ich hatte das besondere Glück, daß mir eine Ärztin die Beeren abkaufte und auch gut bezahlte. 40-60 Pfennige bekam ich fürs Pfund. Das war mein erstverdientes Geld, das in unsere gemeinsame Haushaltskasse floß. Mein Eifer war damit angestachelt worden, daß ich für meine Familie Großes leistete. Einmal durfte ich auch den Tageserlös behalten und fuhr damit auf eine christliche Jugendtagung vom EC, was bedeutete: Entschieden für Christus. Aber das war einige Jahre später, als schon die DM eingeführt war.

Im Herbst zogen wir wieder in die Wälder und sammelten Bucheckern. Wir konnten sie abliefern und dafür Öl eintauschen. Ich war vom Glück begleitet und entdeckte oft Bäume mit besonders großen Eckern. So füllten sich meine Gefäße schnell.

Ich war immer ein sehr schwaches Kind und litt an Unterernährung und Blutarmut. Deshalb wurde ich zum Arzt geschickt und bekam eine Sonderzuteilung an Essensmarken: Butter, Milch, Fleisch und Haferflocken. Der Amtsarzt in Rotenburg mußte mich auch noch begutachten. Jedes Vierteljahr wiederholte sich mein Gang zu den Ärzten. Es gab Zeiten, da ich mich kaum auf den Beinen halten konnte, so schwach war ich. Dann legte ich mich ins Bett und brachte viele Stunden mit Lesen zu. Ich kann nicht sagen, daß ich darüber traurig war. Ich lebte in der Welt von Heidi, Pucki und in den Werken von Erich Kästner. Später vertiefte ich mich in die Romane von Ganghofer und Gulbranson. Ich habe diese Bücher regelrecht verschlungen und habe geweint und gelacht, gerade so, wie das Leben spielte. Im Sommer ging es mir immer besser. Da verspürte ich keine rheumatischen Schmerzen in der Hüfte und litt auch nicht an langwierigen Erkältungen. Halsentzündungen haßte ich. Mit einem besonderen Hausmittel wurde ich kuriert. Ich mußte mit einem Strumpf heißer Kartoffeln um den Hals im Bett liegen. Half diese Prozedur nicht, dann pinselte mir Vater mit einer Jodlösung den Hals aus. Für mich kam diese Roßkur einer Folter gleich. Aber sie hat geholfen. Nahte im Juni die Heuernte, dann gingen wir zu den Bauern auf die Wiesen. Auch beim Rübenhacken und Verziehen der Pflänzchen half ich mit. Dafür erhielten wir von der Bäuerin herrlichen Schmandkuchen mit Kirschen.

Lilli wird geboren

Am 4. Dezember 1946 wurde meinen Eltern noch eine Tochter geboren, also die fünfte in unserer Familie. Unser Hauswirt, Herr Becker, der zu den wenigen Leuten zählte, die ein Auto besaßen, brachte meine Mutter ins Krankenhaus nach Hersfeld. Dieses Fahrzeug wurde mit einem Holzvergasermotor angetrieben. Aber dieses Vehikel hat sich bewährt und kam rechtzeitig in der Klinik an. Als wir mittags aus der Schule kamen, hörten wir die frohe Nachricht. Unsere Freude über die kleine Lilli war groß. Von seiten der Dorfbewohner erfuhren wir viel Gutes.

Auch Frau Pfarrer Scheffer besuchte meine Mutter, brachte Mullwindeln und ein Glas mit Zwetschgen. Ab und zu standen eine Kanne Milch oder eine Schüssel mit Pudding oder ein paar Eier vor unserer Tür. Die Versorgung mit Lebensmitteln war immer noch sehr knapp. Es war die Zeit, da der Schwarzhandel blühte. Aber wir hatten halt wenig zum Tausch anzubieten. Zum Glück hatte Vater noch die Riemen von unserer Dreschmaschine auf den Wagen geworfen, als wir uns auf die Flucht begaben. In einer Mühle konnte er dafür einen halben Zentner Mehl einhandeln. Dieser Sack Mehl hat uns sehr geholfen, als uns einmal die Lebensmittelkarten gestohlen wurden und wir keinen Ersatz dafür bekamen. Und dann war da noch Opa Becker, der uns nie im Stich gelassen hat. Er handelte nach dem Wort der Bibel: „Nehmet einander an, wie Christus uns angenommen hat.“

Unsere kleine Lilli war zwar ein zartes Baby, aber gedieh prächtig. Ich kann mich nicht mehr daran erinnern, ob wir überhaupt einen Kinderwagen besessen haben. Ich weiß nur, daß wir unser Geschwisterchen viel auf dem Arm herumgetragen haben. Fuhren wir zur Arbeit auf die Felder, dann nahmen wir Lilli immer mit. Auf der Erde breitete meine Mutter eine Decke aus und setzte das Kind darauf. Nur einmal erlebte Lilli einen großen Schrecken. Ein heftiger Donnerschlag kündigte ein Gewitter an. Lilli war davon aufgeweckt worden, stellte sich auf die kleinen Beine, ergriff einen Zipfel der Decke und lief uns heulend auf dem Feld entgegen. Mehrmals stolperte sie über die Schollen, aber sie erreichte ihr Ziel, und Mutter nahm ihr Kleines auf den Arm.

Der Sommer 1947 kündigte sich mit einer Hitzeperiode und einem großen Sterben an. Innerhalb von 14 Tagen waren sieben Säuglinge verstorben. Der Arzt diagnostizierte Magen-Darmstörungen. Die Milch, die ab Mittag im Laden zu kaufen war, war meistens schon sauer. Dadurch war es zu Verdauungsstörungen gekommen, und bei den Säuglingen hat dies zum Tod geführt. Angst überfiel uns. Würde unser kleiner Schatz am Leben bleiben? Ich machte mich auf den Weg zu den Bauern. In der Hand trug ich ein graues Milchkännchen. Jeden Abend steuerte ich einen anderen Hof an und bettelte um Milch. Nicht ein einziges Mal wurde ich abgewiesen. Ich bin den Bauern Wetterau, Schade Boley und Becker noch heute sehr dankbar, obwohl sie nicht mehr unter den Lebenden weilen. Sie haben mit ihrer Großherzigkeit meiner Schwester das Leben gerettet. Es war ja nicht erlaubt, die Milch vom Hof weg abzugeben, sondern sie mußte an die Molkerei geliefert werden. Dies muß ich unbedingt erwähnen, um ihr Handeln noch besser zu würdigen. Ihre Freundlichkeit und Güte brachten es nicht übers Herz, ein bettelndes Flüchtlingsmädchen mit leerer Kanne heimzuschicken. Heute ist Lilli verheiratet und Mutter von sechs Kindern. Sie hat nach dem Abitur Medizin studiert und ihren Doktortitel mit „summa cum laude“, einer besonderen Auszeichnung, erworben. Sie arbeitet als Nervenärztin in einer Klinik. Für mich ist Lilli nach dem Tod der kleinen Erika ein Wunder, denn sie blieb uns in schwerer Zeit erhalten.

Wenn in unseren Tagen manche Frauen sagen, sie könnten ihr Kind nicht austragen, sie müßten es abtreiben lassen, weil die Lebensbedingungen so schlecht seien, dann macht mich dies ganz traurig. Wieviel Mut haben die Mütter in der Kriegs- und Nachkriegszeit bewiesen und ihren Kindern zum Leben verholfen. Ihre Hoffnung war groß. In unserem Wirtschaftswunderland wird auf sehr hohem Niveau geklagt und gejammert. Das Leben eines Kindes wird nicht geachtet, und so nimmt man ihnen das Leben. Wie vielen wertvollen Menschen wird heute die Chance zum Leben genommen. Unser Volk fügt sich selbst Schaden zu. Wie sollen wir dies einmal vor Gott verantworten? Auch Beispiele aus der Geschichte lehren uns, wie wertvoll ein Mensch ist. Zwei will ich anführen: Ein Prediger und seine Frau hatten schon 14 Kinder. Nun stellte sich heraus, daß die Mutter wieder schwanger war. Die Familie lebte in unvorstellbarer Armut, aber sie sagte auch zu diesem 15. Kind: Ja! John Wesley wurde geboren. Er zählt zu den größten Evangelisten des 19. Jahrhunderts. Für Millionen von Menschen wurde er zum Segen und gründete die Methodistenkirche.

Der Vater ist chronisch krank, die Mutter leidet an Tuberkulose. Das Paar hat schon vier Kinder. Das erste davon ist blind. Das zweite ist kürzlich verstorben, das dritte ist gehörlos und das vierte auch an Tuberkulose erkrankt.

Nun stellt die Mutter fest, daß sie wieder schwanger ist. Sie könnte in Angst und Traurigkeit fallen, aber sie beweist Mut. Dieses fünfte Kind wurde als der große Musiker und Komponist Ludwig van Beethoven geboren.

Ähnliche Geschichten ließen sich noch weiter anführen, aber ich will ja von meinem Leben erzählen.

Auf dem „Dicken Rück“ war ein größeres Gut. In der Nähe arbeitete ich auf den Feldern und las Kartoffeln auf. Dabei kam ich auch am Obstgarten vorbei. Unter einem Apfelbaum lagen viele Äpfel. Ich ging zur Bäuerin und fragte, ob ich denn die heruntergefallenen Äpfel auflesen dürfte. Sie lachte, holte eine Harke und schüttelte damit kräftig die Äste. Ein wahrer Segen von Äpfeln fiel herab. Meinen Rucksack hatte ich schnell gefüllt. Die restlichen Früchte versteckte ich unter einem Grashaufen und holte sie mir später ab. Zu Hause wurde ich mit einem großen Hallo begrüßt. Als ich dann noch erzählte, ich müßte noch mindestens zweimal gehen, bis ich alle Äpfel nach Hause geschleppt hätte, begleitete mich mein Vater. Unsere Freude war überschwenglich. Drei Rucksäcke voller Äpfel – das kam einem Wunder gleich.

Im Herbst durfte ich meinen Vater auf einer Fahrt nach Süddeutschland begleiten. Wir wollten Verwandte im Raum Stuttgart besuchen. Auf der Heimfahrt hatten wir einen ganzen Sack voll herrlicher Tafeläpfel in unserem Gepäck. Das Umsteigen und die Fahrt in überfüllten Zügen war beschwerlich. Aber unser Glück, soviel wunderbares Obst geschenkt zu bekommen, kannte keine Grenzen. Nun durfte ich zu den beiden Pellkartoffeln als Pausenbrot noch einen Apfel mitnehmen. Unser Vorrat reichte bis Weihnachten.

Auf dieser Fahrt besuchten wir auch in Marbach das Geburtshaus von Friedrich Schiller. Es hat mich sehr beeindruckt. Einer der größten deutschen Dichter wurde in solch ärmlichen Verhältnissen geboren. In der Schule schrieb ich später einen Aufsatz über dieses Erleben. Er wurde mit „sehr gut“ benotet. Vater hatte mir auf der Heimfahrt viele Ereignisse aus dem Leben dieses großen Deutschen erzählt und in mir das Verlangen geweckt, auch seine Werke kennenzulernen. Es blieb leider die einzige Reise, die ich zusammen mit meinem Vater unternommen habe. Der Broterwerb forderte alle unsere Zeit und Kraft, und das Geld blieb über viele Jahre Mangelware.

Wenn das letzte Grummet abgefahren war, durften wir

unsere Pferde auf die Wiesen treiben. Abends holten wir sie dann heim. Stolz wie ein Spanier ritt ich bis in den Stall. Es war an einem kalten Novembertag. Mit Vater wollte ich die Pferde heimholen. Wir suchten sie vergeblich auf der Weide. Der Nebel hüllte alles wie in ein graues Tuch, und wir konnten kaum zehn Meter weit blicken. Die Nacht brach herein. Wir rannten auf den Weiden herum, riefen die Namen der Pferde, aber all unser Bemühen war vergeblich. Onkel Rudolf und meine beiden Vettern kamen uns noch zu Hilfe. Bis weit nach Mitternacht setzten wir unsere Suche fort. Die Pferde waren noch unser einziges Hab und Gut, was uns geblieben war. Waren uns die Tiere gestohlen worden? Recht niedergeschlagen traten wir den Heimweg an. In dieser Nacht konnte keiner von uns schlafen. Plötzlich hörte ich das Getrappel von Hufen. Wir sprangen aus den Betten. Vor der Stalltür standen Lisa, Wanda und der Schimmel. Ganz allein hatten sie den Weg zurück in ihre Boxen gefunden. Welch ein glücklicher Augenblick für uns!

10 Morgen Pachtland

In unserem Ort wurde Land zum Pachten angeboten. Vater griff gleich zu, um sich und seiner großen Familie den Lebensunterhalt zu sichern. So bewirtschafteten wir 10 Morgen auf dem Dachsfeld. Meine erste Aufgabe bestand im Steinelesen. Ich sehe mich noch heute, wie ich als zartes Kind barfuß über den Acker lief. In der Hand hielt ich einen Drahtkorb. Meine Fußsohlen waren mit einer dicken Hornhaut überzogen. Ich konnte über Stoppeln und Steine laufen, ohne daß ich einen Schmerz verspürte. Schuhe waren Mangelware, und sie durften erst angezogen werden, wenn es draußen kalt wurde. Oft war mir die Arbeit zu schwer, dann weinte ich und wollte nach Hause gehen. „Papa“, bettelte ich, „darf ich jetzt aufhören?“ „Kind, wenn du deine zwanzig Körbe vollgelesen hast, dann darfst du zur Mama gehen“, war seine Antwort. Vater war in seiner Erziehung sehr konsequent und ließ sich durch nichts erweichen. Damals habe ich seine Strenge nicht verstanden, heute aber danke ich ihm für seine unnachgiebige Haltung.

Ich habe sehr früh gelernt, beharrlich an einer Arbeit zu stehen, bis ich sie fertig gebracht habe. Nur nicht so schnell die Brocken hinschmeißen, lautet meine Devise.

Wenn ich zum Beispiel heute an einem Buch schreibe und mir die Lust fehlt – solche Tage gibt es wohl bei jeder geistigen Arbeit –, dann hilft mir mein Durchhaltevermögen. Mir klingt Vaters Satz in den Ohren: „Kind, wenn du deine zwanzig Körbe vollgelesen hast, dann ...“ Ich hätte wohl auch nicht meine schulischen Ziele erreicht, wenn ich nicht so hart gegen mich selbst gewesen wäre. Ich war nicht sonderlich begabt und mußte eisern lernen. Hinzu kam noch die große Müdigkeit, denn ich habe die meiste Zeit auf dem Dachsfeld beim Rübenhacken oder Kornernten oder Kartoffellesen oder beim Ackerpflügen zugebracht. Abends fiel ich todmüde ins Bett, aber morgens um fünf weckte mich mein Vater, damit ich meine Schulaufgaben erledigen konnte. Das war schon eine harte Zeit, aber sie hat mich herausgefordert, mein Alles zu geben.

Der Ertrag auf den Feldern war oft kärglich. Es gab verregnete Sommer, wo das Getreide in Gefahr war auszuwachsen. Wir mußten dann regelrecht die Garben vom Feld stehlen. Mein Onkel und mein Vetter halfen uns manchmal bei der Ernte. „Rudolf, wie sieht's aus mit dem Getreide?“ fragte Vater seinen Bruder. „Albert, der Roggen ist pulvertrocken.“ Ach, wenn doch dies nur wahr gewesen wäre. Es war in diesem Jahr die schlechteste Ernte, und beim Dreschen gab es große Ausfälle. Der Satz meines Onkels ist bei uns zu einer stehenden Redeweise geworden, wenn es Probleme gibt, die man am liebsten vertuschen möchte, und man es doch nicht vermag.

Inzwischen hatten wir in Breitenbach eine neue Bleibe in der Lüdersdorfer Straße gefunden. Dort stand ein Stallgebäude mit Scheune leer. Zu unseren drei Pferden hielten wir uns eine Ziege, zwei Schweine, einige Hühner und sechzehn Stallhasen. So sicherten wir uns mühsam den Lebensunterhalt. Wir Kinder mußten tüchtig mitarbeiten. Ställe misten, Ziege melken, Kaninchen und Schweine füttern gehörte zu meinen Aufgaben. Ich machte meine Arbeit gut und war stolz, wenn mein Vater beim Schlachten seine breite Hand an die Speckschichten der Schweine hielt, sie maß und mich dabei lobte. Fett war eines der wichtigsten Nahrungsmittel geworden. Je mehr Schmalz Mutter ausbraten konnte, desto besser war es. Unseren Misthaufen hatten wir mit einem Gatter versehen und trieben die Tiere darauf ins Freie. So gediehen sie an der frischen Luft prächtig, und ich brauchte nicht so oft den Stall auszumisten.

Eines Tages herrschte bei uns größere Aufregung. Hoher

Besuch hatte sich angesagt. Ein Pfarrer aus Amerika mit zwei Helfern stand auf unserem Hof. An einer Kette führten sie eine trächtige Kuh. Sie war mit Blumen bekränzt. Da gab's bei uns ein großes Staunen. Christen aus den Staaten hatten von ihren Weiden ein Rindvieh geholt und es für kinderreiche Flüchtlingsfamilien gestiftet. Uns war solch eine Jersey-Kuh zugedacht. In einer feierlichen Zeremonie im Beisein des Bürgermeisters und der Zeitungsreporter wurde uns die Kuh vom Pfarrer übergeben. Am nächsten Tag war unsere Familie samt Rindvieh in der Presse abgebildet. Unsere Freude kannte keine Grenzen. Sie war so groß, wie wenn heute einer sechs Richtige im Lotto erzielt und zum Millionär wird. Endlich hatten wir Milch, fettreiche Milch. Der Anteil des Fettgehalts betrug 7-8 Prozent. Aus dem Rahm stellte meine Mutter Butter her. Jetzt waren wir reich, sehr reich sogar und fühlten uns so, als wären wir im Schlaraffenland. Ich war besonders glücklich, denn nun mußte ich nicht mehr um Milch betteln gehen. Das erste Kälbchen, das geboren wurde, erhielt eine andere kinderreiche Flüchtlingsfamilie. So war noch ein Elternpaar mit seinen vielen Kindern zufriedengestellt. Die Spender unserer Kuh habe ich nie kennengelernt. Sie gaben auch nie ihre Adresse preis, aber ich weiß, daß ihr Name bei Gott bekannt ist. Er möge ihnen diese große Tat lohnen. Sie haben eine Flüchtlingsfamilie, die in großer Not und Armut lebte, glücklich gemacht. Gott segne sie!

Es gab auch enttäuschende Erfahrungen. Bei einem Bauern im Nachbarort half ich bei der Kartoffelernte. Es war ein besonders mühsames Unterfangen. Tagelang hatte es in Strömen geregnet. Der schwere lehmige Boden klebte an den Gummistiefeln und machte sie noch schwerer. Das Laufen wurde zur Plage. Bis auf die Haut waren wir durchnäßt, aber ich strengte mich mächtig an. Der Bauer hatte mir Kirmesgeld versprochen. Aber erhalten habe ich keinen Pfennig. Ich war bitter enttäuscht, denn ich hätte mir auch gerne eine Bockwurst oder eine Karussellfahrt gegönnt. Wenn ich heute an diesem Hof vorübergehe, dann macht es „Klick“ in meinen Ohren, und ich höre das Wort „Kirmesgeld“. Zugleich beschleicht mich Traurigkeit, denn ich fühlte mich ausgenutzt. So etwas sollte man Kindern nicht antun. Sie werden in ihrer zarten Seele verletzt.

Und noch eine böse Erfahrung ist mir im Gedächtnis geblieben. Ich war gerade 16 Jahre alt und hatte mir während der Sommerferien eine Stelle in einem Haushalt gesucht. 30 Mark waren mir für vier Wochen Arbeit versprochen worden. Für dieses Geld wollte ich mir ein Paar Winterschuhe erstehen. Ich strengte mich mächtig an, kroch morgens schon um halb sechs aus dem Bett, putzte das Haus, stand in der Waschküche vor einem großen Berg schmutziger Wäsche, jätete das Unkraut im Garten und lernte und übte mit den Zwillingen Diktat. Sie gingen gerade in die Quinta und hatten mit großer Mühe die Versetzung geschafft. Arbeiten war für mich kein Problem, da ich ja schon als Kind tüchtig zupacken mußte. Zu der Familie kam eines Tages noch die Großmutter zu Besuch. Drei Wochen lang übernahm ich für sie kleine Dienste. Ich kaufte Obst, brachte ihre Briefe zur Post, putzte ihre Schuhe und rieb ihr die wunden Füße mit Salbe ein. Am Tag, da die alte Dame das Haus verließ, drückte sie mir zehn Mark in die Hand, lobte mich und bedankte sich herzlich bei mir für meine Hilfe. An diesem Tag war ich wohl der glücklichste Mensch. Nun würde ich am Ende meiner Ferien 40 Mark mit nach Hause bringen. Für mich war dies eine Riesensumme. Stolz erzählte ich am Mittagstisch meinen Arbeitgebern, wie reich ich von der Oma belohnt worden sei. Ach, hätte ich doch bloß mein Plappermaul gehalten. Acht Tage später sollte mir mein Arbeitsentgelt ausgezahlt werden. Ein verschlossener Brief wurde mir überreicht, und ich verließ frohen Mutes meine Arbeitsstelle. Erst auf dem Nachhauseweg öffnete ich den Umschlag. Es lagen aber nicht 30 Mark drin, wie vereinbart, sondern nur 20. Ich kam sehr traurig und niedergeschlagen nach Hause und fühlte mich um meinen Lohn betrogen.

Fast fünfzig Jahre waren darüber vergangen. Auf dem Bahnhof in Marburg begegnete ich zufällig meinem damaligen Hausherrn. Er war inzwischen Witwer geworden. Ich begrüßte ihn höflich, sprach ein paar Worte, stieg aber dann in ein anderes Abteil ein. Mit diesem Menschen wollte ich nicht meine Fahrt teilen. Zehn lumpige Mark haben das Vertrauen zerstört. Warum hatte er mir damals meinen Lohn nicht voll ausgezahlt? Die zehn Mark haben ihn sicher nicht reicher gemacht. Er gehörte zu den Glücklichen, die ein festes Gehalt bezogen haben. Er war Lehrer, und mein Vater war oft über den Winter arbeitslos.

In großer Dankbarkeit denke ich an unseren Pfarrer Scheffer. Im Ersten Weltkrieg war er in einer Schlacht schwer verwundet worden. Er war fast blind. Mit uns Konfirmanden hatte er es nicht leicht. Wenn es darum ging, Liedverse oder Psalmen auswendig zu lernen, versuchten wir ihn zu täuschen, indem wir die Bibel oder das Gesangbuch auf den Tisch legten und die Verse einfach ablasen. Nun rückte der Tag der Konfirmation näher, und mir wurde schlagartig bewußt, wie wenig ich gelernt hatte. Am Sonntag vor der Konfirmation fand immer eine Prüfung in der Kirche statt. Blamieren wollte ich mich und meine Eltern nicht. Die letzten vier Wochen vor der Einsegnung habe ich gelernt wie nie zuvor. Über hundert Bibelsprüche konnte ich fehlerfrei aufsagen, dazu noch viele Choräle und eine Reihe Psalmen. Ich zehre noch heute von diesem Schatz geistlichen Guts. Bei meinen Vorbereitungen von Bibelarbeiten werde ich an die passenden Verse des Alten und Neuen Testaments erinnert und kann sie aus dem Gedächtnis zitieren. Sie regen mich bei meinen Ausführungen an und sind wie ein roter Faden, der sich durch den biblischen Text zieht. Gerne bete ich auch mit Psalmen und Liedern. Wie oft trösten mich vor allen Dingen die Lieder von Paul Gerhardt oder Martin Luther, wenn ich durch Leiden geführt werde. Ich weiß gar nicht mehr, wie oft ich das Lied „Befiehl du deine Wege und was dein Herze kränkt" in Zeiten der Anfechtung und Schlaflosigkeit vor mich hingesagt habe. Solche Lieder sind mir wie ein festes Fundament, darauf ich mich gründen kann. Dieser Reichtum, den ich mir noch kurz vor der Konfirmation angeeignet habe, ist in all den Jahren mit mir gegangen.

Später, als meine Kinder den Konfirmandenunterricht besuchten, habe ich sie immer wieder zum Lernen ermutigt. Nicht immer war mir Erfolg beschieden. Gottfried hat oft Verse in seiner nachlässigen Art umformuliert. So sagte er einmal in dem Lied „Jesus Christus herrscht als König" folgendes: „Heizöl weiß er auszuteilen, Leben schenkt er nach dem Tod." Dabei müßte es heißen „Heilsöl". Die Konfirmandenprüfung habe ich mit Bravour abgelegt. Mein Vater war jedenfalls stolz auf sein Lottchen. Aber ich muß hinzufügen, das Lernen ist mir nie in den Schoß gefallen, ich habe immer tüchtig büffeln müssen und habe meine jüngeren Schwestern Grete und Lilli bewundert, die hochbegabt waren.

Die Konfirmation selbst wurde für mich zu einem schweren Erleben. Ich wußte genau, daß ich das Gelübde nicht würde halten können. Die persönliche Beziehung zu Jesus Christus war mir noch nicht erschlossen. Ich habe schrecklich gelitten, denn mir war angst, daß ein gebrochenes Gelübde Gottes Zorn heraufbeschwören könnte. Ich wäre gerne von der Konfirmation zurückgetreten, aber dazu fehlte mir doch der Mut. Dieser Tag, der eigentlich mein Tag werden sollte, zählt zu den dunklen, angstvollen Erfahrungen in meinem Dasein. Es war kein Fest der Freude, obwohl ich einige Geschenke erhielt, die mich hätten glücklich machen müssen. Meine Patin schickte mir einen Kleiderstoff, das war zur damaligen Zeit etwas überaus Wertvolles. Ein Bekannter meines Vaters trug einen kleinen runden Tisch auf seinem Rücken herbei, den er selbst geschreinert hatte. Einige Sammeltassen wurden gleich beim Kaffeetrinken eingeweiht, denn wir besaßen nur wenig Geschirr. Die Feier in der Kirche aber war für mich nicht leicht zu verkraften. Gott war mir noch so verborgen, ja manchmal unheimlich. Vielleicht hing diese Angst auch mit dem Tod meines Schwesterchens zusammen. Er erschien mir zu gewaltig, manchmal auch grausam. Das Dasein war kein Zuckerschlecken. Mehrere Male erkrankte Mutter schwer, und wir bangten um ihr Leben. So habe ich als Kind viel Angst aushalten müssen, was ich aber nie vor anderen Menschen offen zugab. In dieser Zeit hatte ich auch keine Freundin, mit der ich über derlei Nöte hätte sprechen können, aber ich verstand mich sehr gut mit meiner Schwester. Sie war fast zwei Jahre jünger als ich, und durch die Kriegseinwirkungen ergab es sich, daß sie mit mir eingeschult wurde. Grete war immer ein sehr fröhliches, unbekümmertes Kind. Das Lernen fiel ihr leicht. Ihre Schulaufgaben hat sie oft während der Zugfahrt von Bebra nach Rotenburg erledigt. Ich hingegen brauchte viel Zeit. In unserer Küche stand in der Ecke ein Tisch. Wir hatten seine Fläche mit einem Buntstift in zwei Teile geteilt. Meist hockte Grete auf ihrer Tischplattenseite, strickte an einem Pullover und hörte Radio. Ich saß am anderen Ende des Tisches, hielt mir die Ohren zu und sagte mir immer wieder die Strophen von Schillers Bürgschaft auf. „Lotte“, schubste sie mich an, „hör endlich auf mit dem Geleier. Ich kann das Gedicht schon lange auswendig.“ Ich habe mir immer alles hart erarbeiten müssen und habe meine Schwester sehr beneidet, der fast im Schlaf alles zugefallen ist. Meine Lernbedingungen waren auch äußerst schlecht. Wir lebten mit sieben Personen in einer Küche mit Kammer. Manchmal kam auch noch meine Großmutter zu Besuch, dann waren wir acht Leute. Auf dem Herd wurde nicht nur das Essen gekocht, sondern auch noch das Viehfutter. Oft kamen Kunden zu meinem Vater, denen er Holz abfahren oder den Acker pflügen sollte. Meine kleine Schwester Lilli spielte auf einer Decke auf dem Fußboden ganz nahe bei mir. Es herrschte immer große Unruhe in unseren vier Wänden. Noch heute frage ich mich, wie ich überhaupt unter solch notvollen Bedingungen mein Abitur geschafft habe. Die äußeren Zustände waren denkbar schlecht. Ich besaß während meiner Schulzeit außer meiner Bibel kein einziges Buch. Alle Lernmittel waren nur Leihgaben. Um Ruhe zum Lernen zu haben, stand ich nachts auf und paukte fürs Abitur. Wenn mein Vater merkte, daß in der Küche Licht brannte, kroch er öfter aus seinen Federn, setzte sich zu mir und fragte mich den Unterrichtsstoff ab. So opferte er seine Zeit für mich. Wie sehr habe ich später bei meinen Kindern dafür gesorgt, daß sie gute Lernbedingungen hatten. Jedes nur nötige Buch stellten wir ihnen zur Verfügung. Ich habe sie nie von den Schulaufgaben weggerufen, auch wenn Freunde am Telefon waren oder vor der Tür standen und Fußballspielen wollten. Ich habe sie auch nicht zu irgendwelchen Haus- oder Gartenarbeiten während der Schulaufgaben herangezogen, denn mir schallte lange die Befehlskette meiner Mutter in den Ohren: „Lotte, hol Holz und Wasser herein! Melk die Ziege! Füttere die Hasen und miste den Stall aus“, während ich gerade die ersten Sätze eines Kapitels aus Caesars „De bello Gallico“ übersetzte!

Bei uns in der Familie ging es ums Überleben, und so war es nötig, daß ich Hand anlegte mußte. Das hat aber dazu geführt, daß ich dann im Unterricht manchmal fast eingeschlafen bin vor Müdigkeit. Dazu hat auch sicher der lange Schulweg beigetragen, den ich zu Fuß und mit der Bahn zurücklegen mußte, ob es stürmte oder schneite.

Meine Hinwendung zu Christus

Mein einschneidendstes Erlebnis in meinem Dasein war meine Bekehrung zu Christus, obwohl ich diesen Begriff noch gar nicht kannte. Opa Becker, unser früherer Hauswirt, lud mich zu einer christlichen Freizeit ein. Begeistert ging ich dorthin, bedeutete doch diese Tagung für mich eine willkommene Abwechslung und Unterbrechung meines sonst oft öden Daseins. Ich hatte mir vorgestellt, daß wir mit anderen jungen Leuten Wanderungen unternähmen, Probleme diskutieren und Kontakte knüpfen würden. Und nun war ich in einen Kreis von jungen Menschen geraten, die sich fast den ganzen Tag mit der Bibel beschäftigten: morgens Gebetsgemeinschaft, anschließend Andacht, dann Bibelarbeit, nachmittags die Betrachtung der Biographie eines Frommen oder Missionsberichte und abends eine Evangelisationsveranstaltung.

Ich dachte, das kann doch nicht wahr sein, daß junge Männer und junge Mädchen fast ausschließlich die Bibel lesen und sich damit auseinandersetzen. Das mag etwas für alte Leute sein, aber doch nicht für junges Volk!

Ich wäre am liebsten nach dem dritten Tag abgereist, wenn ich nicht bei einer so netten, liebenswürdigen Witwe untergebracht worden wäre. Als sie bemerkte, daß ich gar kein Nachthemd besaß, steckte sie mich in ein Unterhemd ihres im Kriege gefallenen Mannes, das mir bis zu den Knien reichte. Vor dem Schlafengehen kochte sie mir immer noch ein Glas Tee und stellte mir leckere Weihnachtsplätzchen hin. Zum Frühstück holte sie aus ihrer Speisekammer rote Wurst und Schinken. Für mich waren dies köstliche Delikatessen. Aber ich war doch unglücklich in jenen Tagen, bis ich entdeckte, daß diese jungen Menschen etwas hatten, was mir fehlte, die Geborgenheit in Gott. In mir brach ein Sehnen nach Gott auf. Als dann einmal das Lied „Wir sind ein Volk vom Strom der Zeit“ mit dem Refrain gesungen wurde: „Es ist das Kreuz auf Golgatha, Heimat für Heimatlose“, da zog es mich mit aller Macht hin zu Gott.

Es war eine entscheidende Stunde meines Lebens, als ich mit einem Verkündiger des Evangeliums sprach und er mir das Wort aus Hosea 2,21 mit auf den Weg gab: „Ich will mich mit dir verloben in Ewigkeit; ich will mich mit dir verloben in Gerechtigkeit und Gericht, in Gnade und Barmherzigkeit will ich mich mit dir verloben, und du wirst den Herrn erkennen.“

Am Bild der Ehe machte er mir deutlich, daß Gott an meinem Leben ein großes Interesse hat. Er schließt mit mir einen Bund, der von seiner Seite aus nie gebrochen wird. Auch wenn ich untreu werde, bleibt Gott treu und bringt mich an sein Ziel.

Dieses Wort ist in all den Jahren mit mir gegangen. Das war der Beginn von Gottes machtvollem Eingreifen in mein kümmerliches Dasein. Ich war noch immer das arme Flüchtlingskind, oft nicht recht geachtet, aber in Gottes Augen war ich wertvoll und von ihm geliebt. Ich wußte mich von ihm angenommen. Das hat mich sehr glücklich und innerlich zufrieden gemacht. Gott war für mich wie ein Fels in der Brandung. Zu ihm habe ich meine Zuflucht genommen und war in der Strahlkraft seiner Liebe geborgen. Wie gerne stimmte ich nun das Lied an: „Es ist das Kreuz auf Golgatha, Heimat für Heimatlose.“ Manchmal muß man erst heimatlos geworden sein, um dies recht einzuschätzen, was es bedeutet, bei Gott Heimat zu haben.

Diese Erfahrung der Liebe Jesu Christi hat mich in meinem Innersten verändert. So ist seitdem das Kreuz Jesu Christi mir der liebste Ort, da der Gottessohn sein Leben für mich ließ.

Im Mai 1950 fand in Bad Hersfeld eine Gemeinschaftskonferenz statt. Unser Jugendbund fuhr mit Rädern dorthin. In der Kirche wurde Gottesdienst mit anschließendem Abendmahl gefeiert. Ich saß auf einer der letzten Bänke und wollte die Kirche schon wieder vor dem Abendmahl verlassen. Meine Freundin Renate, die Tochter von Prediger Gardemann, hielt mich zurück. „Bleib doch, Lotte!“ bat sie mich. „Aber ich habe doch kein schwarzes Kleid an“, wandte ich ein. „Das spielt doch keine Rolle. Du kannst auch im bunten Sommerkleid Brot und Wein vom Tisch des Herrn nehmen.“ So blieb ich sitzen und erlebte die schönste Stunde meines Lebens. Es waren die gesungenen Lieder, die mich mit großer Freude erfüllten, und ich stimmte froh mit ein:

„O du Lamm Gottes, Du hast auf Golgatha
herrlich gesieget! Amen, Halleluja!
Du hast erworben Heil für die ganze Welt
und hast auf's völligste bezahlt das Lösegeld.
Du riefst mit lauter Stimm' durch's Todes Nacht:
Es ist vollbracht! Es ist vollbracht!

O Wort des Lebens, hier kann mein Glaube ruhn,
auf diesen Felsen kann ich mich gründen nun.
Ewig vollkommen ist unsers Gottes Heil;
nimm es, o Sünder, an, so wird dir's ganz zuteil;
nichts kannst du machen mehr, Er hat's gemacht:
Es ist vollbracht! Es ist vollbracht!

O Wort des Sieges! Wenn mir der Satan naht,
blick ich zum Helden, der ihn zertreten hat.
In Jesu Wunden bin ich erlöst und frei,
sein lauter Todesruf ist nun mein Siegesschrei.
Nicht soll mich fesseln mehr des Feindes Macht.
Es ist vollbracht! Es ist vollbracht!

Jesu, mein Heiland, Dir sag ich Preis und Dank!
O Überwinder, hör meinen Lobgesang!
In deine Gnade hüll ich mich tief hinein,
in deinem teuren Blut bin ich gerecht und rein.
Ehr sei dem Lamm, das rief, da es geschlacht't:
Es ist vollbracht! Es ist vollbracht!

Ich verließ die Kirche mit der Gewißheit: In Jesus Christus habe ich tiefen Frieden, ja ich verspürte seine Nähe beglückend. Ich wollte in diesem entscheidenden Erleben mit meinem Herrn allein sein und ihm danken für seine große Erlösungstat. Im Grunde ist die Liebe Christi nie auszuloten. Immer wenn ich von seinen Taten höre, gewinne ich den Eindruck: Das Wichtigste ist noch gar nicht gesagt. Es machte mich zutiefst dankbar, diese Begegnung mit Jesus erfahren zu haben. Sie hat sich nicht unter dem Beifall der Menschen vollzogen, sondern ganz insgeheim in der Stille, wo ich Auge in Auge mit meinem Herrn allein war.

Fortan begann ich meinen Tag am Morgen mit einem Lied und mit einem Abschnitt aus der Bibel. Ich wollte diese innigste Gemeinschaft mit Christus pflegen und wie einen großen Schatz hüten. Ich war auch bereit, Gott zu dienen und ihm meine Zeit, meine Gaben, meine Liebe zur Verfügung zu stellen.

Marianne – meine blinde Freundin

Dazu fand ich bald reichlich Gelegenheit. Eines Sonntags fragte mich der Pfarrer, ob ich mich um Marianne aus Blankenheim kümmern könnte. Marianne war eine Mitkonfirmandin aus dem Nachbarort Blankenheim. Von einem Tag auf den andern war sie mit 15 Jahren blind geworden. Sie litt an einer gefährlichen Augenerkrankung und lag deshalb in einer Klinik. An einem Morgen wunderte sie sich, warum denn die Rolläden nicht hochgezogen würden und alles noch so dunkel sei. Die Krankenschwester sagte kein Wort und rief den Oberarzt. Er mußte Marianne die entsetzliche Nachricht mitteilen, daß sie fortan nie mehr würde sehen können, sie sei am Grünen Star erblindet. Am Abend war sie zu Bett gegangen und hatte noch alles sehen können, nun aber war es dunkel in ihr und um sie herum. Sie schrie im aufbäumenden Schmerz: „Ich will aber nicht blind sein, nein, nur das nicht! Sehen will ich!“

Der Arzt versuchte die Kleine an sich zu drücken und zu trösten. Aber dieser Schmerz blieb. Nun war es meine Aufgabe, mich um Marianne zu kümmern. Meine freie Zeit gehörte ihr, und wir haben viel Schweres, aber auch viel Schönes miteinander erlebt. Ich holte Marianne zu den Jugendstunden in unserer Landeskirchlichen Gemeinschaft ab. Wir besuchten gemeinsam Freizeiten und unternahmen Spaziergänge. Vor allen Dingen las ich meiner blinden Freundin aus guten Büchern und aus der Bibel vor. Wir sangen auch miteinander und reisten zu Tagungen und Konferenzen. Mariannes Vater war Eisenbahner von Beruf, und so erhielt sie Freifahrtscheine. Ich als Begleitperson brauchte auch keine Fahrkarte zu lösen. So haben wir manche Fahrten unternommen. Das Zusammensein mit Marianne begrenzte meine Zeit, und so konnte ich keine anderen Freundschaften pflegen. Manchmal hätte ich auch gerne eine Fahrradtour mit Klassenkameraden unternommen. Mir hat in dieser Zeit mein Konfirmationsspruch geholfen: „Was ihr einem der Geringsten getan habt, spricht Christus, das habt ihr mir getan."

Dieses Wort wurde zu einer inneren Glut, die in mir die Liebe zum Leidenden schürte. So war ich mehr als sechs Jahre mit Marianne verbunden, bis mich mein Weg von Breitenbach wegführte. Aber die Freundschaft ist geblieben. Marianne hat später geheiratet und vier gesunde Kinder geboren, die sich sehr liebevoll um ihre Mutter kümmern.

Dieser Auftrag, den „Geringsten" zu sehen und ihm in seiner Not beizustehen, hat mich durch mein Leben begleitet. Gewiß, damals an meinem Konfirmationstag hätte ich mir auch lieber einen anderen Spruch gewünscht. „Befiehl dem Herrn deine Wege und hoffe auf ihn, er wird's wohlmachen", hätte mir besser gefallen. Oder der andere Vers: „Habe deine Lust am Herrn, er wird dir geben, was dein Herz wünscht." Mir aber waren nun die Leidenden ans Herz gelegt. Schon kurz darauf war es wieder ein fast erblindetes Mädchen aus Blankenheim, das meine Freundin wurde. Auch Elisabeth besuchte mit mir die Jugendstunden, und in ihr regte sich ein tiefes Sehnen nach Frieden mit Gott. Zu einer entscheidenden Wende kam es, als sie zu einer christlichen Freizeit fuhr. Dort traf sie der Ruf Jesu, und ihm vertraute sie ihr Leben an. An Elisabeth war deutlich zu verspüren, wie die Nähe Jesu ihr bedrücktes Gemüt in die Freude führte. Trotz der drohenden völligen Erblindung wurde es in ihrem Innersten hell.

Martin in der Zeltmission

Ich selbst war ja durch die Begegnung mit Christus so glücklich geworden, wie hätte ich da nicht auch andere zu diesem Glück führen sollen? In mir regte sich das Verlangen, missionarisch aktiv zu werden. Dazu ergab sich bald eine Gelegenheit. In Bebra fand eine Zeltmission statt. Treppauf und treppab lief ich, um Leute einzuladen. Auch auf der Straße verteilte ich Einladungen. Ich war davon überzeugt, daß ich die Menschen mit der besten Botschaft, die es auf Erden gibt, erreichen könnte, und das nahm mir die Scheu. Ich wurde mutig. Vor allen Dingen wollte ich meine Klassenkameraden für Jesus gewinnen. Aber da stieß ich auf große Hindernisse und Ablehnung. Ich wollte schon traurig die Flügel hängen lassen. Aber dann sagte ich mir: Ich starte noch einen Anlauf und versuche die Bewohner von Breitenbach ins Zelt zu führen. Ich ging von Haus zu Haus, und das fiel mir schwerer, denn hier kannten mich die Leute. Aber ich war Gott gehorsam. Es war mir wichtig, die Menschen von der großartigen Möglichkeit zu informieren, wie sie durch das Evangelium mit Jesus leben könnten. So kam ich auf meinem Weg auch zu Martin. Er mistete gerade den Kuhstall aus und gab seinen Rindviechern Futter. „Martin, komm doch mit ins Zelt“, bettelte ich. Er aber wollte sich nicht darauf einlassen. So drängte ich weiter und blieb einfach im Stall stehen. Nach einer Viertelstunde gab er nach: „Lotte, das will ich dir sagen: Ich gehe einmal mit, aber nur, um dir einen Gefallen zu tun. Danach laß mich aber bitte in Ruhe! Du weißt, ich kann mit dem frommen Zeug nichts anfangen.“ Ich hatte zunächst mein Ziel erreicht. Martin war Junggeselle und arbeitete bei einem der größten Bauern. Noch am selben Abend holte er mich mit seinem Fahrrad ein –ich lief zu Fuß –, stieg ab von seinem Drahtesel und ging neben mir. Mir war seine Begleitung peinlich. Ich war gerade 16 oder 17, und er vielleicht schon über 30. Ich hatte Angst, ins Gerede der Leute zu kommen, wenn ich so mit ihm gesehen würde. Auf dem Rückweg war ich sogar über seine Begleitung froh, daß ich im Dunkeln nicht allein war. Aber am hellichten Tage ...

Für Martin wurde gleich der erste Abend zum Anstoß, mit Jesus zu leben. Es kam zu diesem denkwürdigen Ereignis. Martin hörte die Botschaft von Jesus, folgte seinem Ruf in die Nachfolge und wurde Christ. Keiner war glücklicher als ich. Dieser landwirtschaftliche Arbeiter war der erste in einer langen Reihe von Menschen, die ich mit Christus bekanntmachen durfte. Erste Früchte im Dienstauftrag des Herrn sind immer besonders wertvolle, kostbare Früchte und eine starke Ermutigung. Das weiß ich auch von anderen Mitarbeitern im Reich Gottes. So schreibt zum Beispiel Spurgeon, der ja der Fürst unter den Predigern genannt wird, folgendes:

Spurgeon, mein Vorbild im Dienst

„Und dann kam ein Tag, ein bemerkenswerter Tag, der sich für immer in mein Gedächtnis eingraben wird. Ich sah meinen Freund, Jesus Christus, am Kreuz hängen. Ich bückte mich in traurigem Entsetzen nieder und schaute ihn an. Ich sah, daß seine Hände mit großen eisernen Nägel durchbohrt worden waren, auch seine Füße. Auf seinem toten Antlitz stand das Elend so schrecklich, daß ich kaum wagte, ihn anzuschauen. Sein Körper war ausgemergelt, sein Rücken rot von blutigen Striemen, sein Haupt hatte rundherum Wunden, die Dornenkrone hatte sich tief eingedrückt. Ich erschauderte, denn ich begriff, ich war mitschuldig, daß Jesus an das Fluchholz gebracht worden war.

So machte ich mich auf die Suche nach dem Evangelium, und es war das gepredigte Wort, das mich errettete.

Vielleicht würde ich noch heute in Dunkelheit und Verzweiflung leben, hätte Gott in seiner Güte damals nicht einen Schneesturm gesandt, der mich auf dem Weg zum Sonntagsgottesdienst überraschte. Ich suchte in einer Kapelle der Methodisten Zuflucht. Darin saßen ungefähr 15-20 Menschen. Ich hatte von den Methodisten gehört, sie würden so laut singen, daß man Kopfschmerzen davon bekäme. Aber das störte mich nicht. Ich wollte wissen, wie ich gerettet werden könnte, und wenn sie mir dies sagen konnten, dann waren mir die Kopfschmerzen egal. An diesem Morgen kam der Prediger nicht. Vermutlich war er eingeschneit. Schließlich stand ein sehr schmaler Mann auf und ging nach vorn auf die Kanzel, um zu predigen. Dieser Mann war sehr schlicht und einfältig.

Er mußte bei dem Text bleiben, der hieß: ‚Schaut auf mich, und ihr werdet gerettet werden, all ihr Enden der Erde.'

Und er predigte: ‚Meine lieben Freunde!

Dies ist in der Tat ein sehr einfacher Text. Er sagt: Schaut!

Nun ist Schauen nicht allzu schmerzhaft und anstrengend. Du mußt nicht einmal deinen Finger oder deinen Fuß dafür heben. Nur schauen! Nun, ein Mensch muß nicht zur Universität gehen, um sehen zu lernen. Du kannst der größte Trottel sein, und trotzdem kannst du sehen. Ein Mensch muß nicht Tausende im Jahr verdienen, um sehen zu können. Jeder kann sehen, sogar ein Kind kann sehen. Aber dann sagt der Text: Schaut auf mich! Nun, viele von euch schauen auf sich selber, aber das hat keinen Sinn. Ihr findet keinen Trost in euch selbst. Ich sage euch: Schaut auf Christus! Jesus sagt: Schaut auf mich! Schaut auf mich! Ich hänge am Kreuz! Schaut auf mich! Ich bin tot und begraben worden! Schaut auf mich! Ich bin gen Himmel gefahren! O Sünder, schau auf mich! Schau auf mich!‘

Zehn Minuten predigte er auf diese Weise. Dann sah er mich auf der Galerie sitzen. Er richtete seine Augen auf mich, als würde er mein ganzes Herz kennen. Dann sagte er: ‚Junger Mann, Sie werden immer elend sein, elend im Leben und elend im Tode, wenn Sie diesem Vers nicht gehorchen. Aber wenn Sie jetzt, in diesem Augenblick gehorsam werden, dann werden Sie gerettet.‘

Dann rief er mit aufgehobenen Händen: ‚Junger Mann, schau auf Jesus Christus! Du mußt nichts tun, als nur zu schauen. Dann wirst du leben.‘

Plötzlich erkannte ich den Weg der Erlösung. Ich hatte erwartet, fünfzig Dinge tun zu müssen, aber als ich dieses Wort hörte: Schau! Da kam es mir vor wie das schönste Wort der Welt. Ach, ich hätte mir die Augen aus dem Kopf schauen können. Die Dunkelheit wich, der Schleier fiel mir von den Augen, ich sah die Sonne. Meine Ohren haben gehört, und mein Herz hat erlebt, Christus ist der eingeborene Sohn des Vaters. Er ist Gott, denn er tat das für mich, was nur ein Gott tun kann. Er unterwarf sich meinen störrischen Willen, er schmolz mein steinernes Herz, er brach die stählernen Ketten, er öffnete die Gefängnistore und eisernen Riegel, er hat mein Weinen in Lachen verwandelt und meine Verzweiflung in Freude. Er hat meine Gefangenschaft beendet und erfüllt mein Herz mit unbändiger Freude. Gesegnet sei sein heiliger Name!

Ich war fünfzehn Jahre alt und wußte: Mein Geliebter ist mein."

Für Spurgeon, den ich sehr verehre, begann mit der Stunde seiner Hinwendung zu Christus der Einsatz für Gott. Er schreibt: „Ich kann nicht vergessen, wie ich eines Tages an das Bett eines Jungen aus meiner Sonntagsschulklasse trat. Mit seinen kaum siebzehn Jahren war er schon Alkoholiker. Er hatte sich fast zu Tode getrunken. Ich sah ihn an und versuchte, ihm vom Heiland zu erzählen, und hörte dabei das Todesröcheln in seiner Kehle. Als ich die Treppe wieder hinunterstieg, hielt ich die Menschen für Narren, die zu allem fähig sind, nur nicht dazu, sich aufs Sterben vorzubereiten. Ich sah unterwegs die Droschkenfahrer, die Geschäftsleute, die Verkäufer und dachte: Welche Narren! Sie rackern sich ab, ohne sich auch nur mit einem Gedanken mit dem zu beschäftigen, was sie einmal in der Ewigkeit tun werden. Und am närrischsten fände ich mich selbst, wenn ich nicht sterbende Sünder auf den lebendigen Christus hinweisen und sie einladen würde, auf sein kostbares Blut zu vertrauen."

Seine erste Predigt hielt Spurgeon in einem strohgedeckten Landhaus, wo sich einige Bauern und einige Frauen versammelten. Er erinnert sich daran: „Wir sangen, beteten und lasen die Heilige Schrift: ‚Für euch aber, die ihr glaubt, ist Christus köstlich.' Ich hatte große Angst, aber ich brachte doch noch alles zu einem guten Ende. Gegen Schluß fragte mich eine ältere Frau: ‚Gott segne dich, lieber Junge. Wie alt bist du?' Ich gab zur Antwort: ‚Unter sechzig'. ‚Jawohl, und auch unter sechzehn', erwiderte die alte Dame.

Ich war von Gott zum Dienst berufen worden, ich mußte predigen. Das Wort brannte wie Feuer in meinen Knochen. Freunde haben mir abgeraten, Gegner haben mich kritisiert, Spötter haben mich verächtlich gemacht, aber ich hatte den Ruf des Himmels gehört und mußte predigen. Gottes Wort war wie Feuer, das in mir brannte.

Bist du schon einmal durch ein Dorf gegangen, das für seine Trunksucht und Gottlosigkeit bekannt ist? Hast du schon einmal arme, unglückliche Menschen gesehen, wie sie gegen die Pfosten gelehnt standen und durch die Straßen torkelten? Hast du schon einmal in die Häuser dieser Menschen geschaut und gesehen, was es für Räuberhöhlen sind, bei deren Anblick sich deine Seele sträubt? Hast du schon einmal die Armut, die Erniedrigung und das Elend ihrer Bewohner gesehen und darüber geseufzt?

Ich hatte dieses Vorrecht. Ich kannte einmal ein solches Dorf. Vielleicht war es sogar eines der schlimmsten Dörfer Englands. In dieses Dorf ging ein junger Mann, der keine große Ausbildung hatte, aber der ernstlich die Seelen der Menschen dort suchte. Er begann zu predigen, und es gefiel Gott, den ganzen Ort auf den Kopf zu stellen. Innerhalb kurzer Zeit war die kleine strohgedeckte Kapelle überfüllt. Die größten Taugenichtse des Dorfes fingen an, über sich zu weinen, und jene, die bisher der Fluch der Ortsgemeinde gewesen waren, wurden jetzt für sie zum Segen. Wo es bisher Raub und Schurkereien gegeben hatte, verschwanden diese, weil die Menschen, die sonst Unheil anrichteten, nun selber ins Haus Gottes kamen und sich freuten, als sie hörten, daß Jesus für sie gekreuzigt worden war. Ich übertreibe diese Geschichte nicht, auch spreche ich nicht von etwas, was ich selber nicht so genau kenne, denn ich war es, der die Freude hatte, in diesem Dorf arbeiten zu dürfen.

Hätte jemand zu mir gesagt: ‚Da hat einer 2000 Pfund für Sie hinterlassen‘, ich hätte nicht einmal mit dem Finger dafür geschnippt, verglichen mit der Freude, die ich fühlte, als ich erfuhr, daß ein Mensch durch meine Verkündigung aus dem Tode zum Leben gerufen wurde.

Es war die Frau eines armen Arbeiters. Sie ging getroffen von der Predigt betrübten Herzens nach Hause und hatte großen Kummer um ihre Seele. Aber dann hat sie Frieden gefunden und wollte mit mir sprechen. So fuhr ich zu meinem ersten geistlichen Kind.

Ich sehe noch die Kate vor mir, in der sie wohnte. Ich fühlte mich wie ein kleiner Junge, der sein erstes Taschengeld bekommen hat, oder wie ein Taucher, der eine seltene Perle hochbringt. Ich freue mich über jeden einzelnen, den Gott mir gegeben hat. Aber über diese Frau freue ich mich am allermeisten. Ich habe viele geistliche Kinder, die aufgrund des gepredigten Wortes von neuem geboren wurden, aber ich denke, diese Frau war die allerbeste von allen. Sie lebte nicht mehr lange. Nach ein oder zwei Jahren ging sie heim als erste einer großen Schar, die ihr folgte. Ich erinnere mich, wie sie starb und in den Himmel ging. Sie war für mich eine solche Kostbarkeit. Keine Mutter hätte über ihr Erstgeborenes glücklicher sein können. Ich hätte in den Lobgesang der Maria einstimmen können, denn meine Seele erhob den Herrn, der sich meiner Niedrigkeit erbarmt und mich gewürdigt hatte, Menschen fürs Himmelreich zu gewinnen.

Ich möchte lieber die ärmste Frau der Welt zu Jesu Füßen bringen, als Erzbischof von Canterbury sein.“

Nun habe ich sehr ausführlich über die Hinwendung von Spurgeon zu Gott und seine ersten Dienstaufträge berichtet. Das hat seinen bestimmten Grund, denn ich bin wesentlich von ihm geprägt worden. Seine Bücher habe ich regelrecht „verschlungen“. Sein Andachtsbuch „Kleinode göttlicher Verheißungen“ hat mich besonders durch mein Studium begleitet.

Die Jakob-Grimm-Schule

Aber nach diesem längeren Abstecher will ich auf meine Schulzeit zurückkommen. Ich bin meinem Vater überaus dankbar, daß ich trotz der widrigen Umstände, in denen meine Familie lebte, die höhere Schule besuchen konnte. In Rotenburg an der Fulda habe ich zusammen mit meiner fast zwei Jahre jüngeren Schwester die Aufnahmeprüfung an der Jakob-Grimm-Schule bestanden. Die ersten Jahre auf dem Gymnasium gehörten für mich zu den schönsten. Das Lernen machte mir Spaß, und ich war unter den Klassenbesten zu finden. Bei der guten Frau Rosenstock Englisch zu lernen war für mich ein Vergnügen. Ich liebte Fremdsprachen – war ich doch mehrsprachig aufgewachsen –, Deutsch und Geschichte. Zeichnen wurde für mich zu einem Alptraum. In der Mittelstufe versagte ich dann noch in Mathematik. Aber das hatte einen triftigen Grund. Unser wunderbarer Studienrat Claus wurde von einem seiner Kollegen ersetzt, und danach ging es mit mir in diesem Fach rasant bergab. Bei unserem neuen Lehrer verstanden nur die besten Mathematiker seine Unterrichtsweise. Die Zahl der mangelhaften Klassenarbeiten wurde immer größer. Hatte ich die Lösung einer Gleichung nicht gleich verstanden und meldete mich, dann brüllte mich „Herr Chamber", wie wir ihn nannten, heftig an: „Wie kann man nur so blöd sein, und einen so einfachen Rechenablauf nicht begreifen. Setz dich hin, du blöde Kuh, und paß das nächste Mal besser auf!" Zu allem Unglück behielten wir diesen Lehrer über mehrere Jahre. Ich hatte regelrecht Angst vor ihm, und einigen anderen Mitschülern erging es wie mir. Meine Lücken in diesem Fach wurden immer größer. Plötzlich tauchte in meinem Zeugnis ein „Mangelhaft" auf. Bei dieser Zeugnisvergabe war ich der unglücklichste Mensch. Gewiß, ich konnte diese schlechte Note durch andere gute Bewertungen in Deutsch, Religion, Englisch, Geschichte und Französisch ausgleichen, aber der Makel blieb mir, und ich habe unter meinem Versagen arg gelitten. Ich wußte nicht, wie ich aus dieser Misere herausfinden sollte. Hätte ich über einen längeren Zeitraum Nachhilfestunden nehmen können, dann wäre ich wohl von der Fünf wieder heruntergekommen, aber dazu fehlte mir das Geld. Später sagte mir einmal mein Mann: „Es ist so schade, daß wir uns damals noch nicht kannten, ich hätte dir so gerne geholfen." Mein Mann hat nämlich einige Semester Mathematik studiert. Dieses Leistungstief wirkte sich bedrückend auf mich aus. Hinzu kam, daß ich immer mehr in der Landwirtschaft helfen mußte, mir blieb wenig Zeit zum Lernen.

In der Oberstufe wurde Herr Studienrat Soeldner unser Mathematiklehrer. Er war ein ausgezeichneter Pädagoge, aber mir fehlten doch die nötigen Kenntnisse aus der Mittelstufe, und so zog ich mein Mangelhaft bis zum Abitur in diesem Fach mit. Es war grausig. Noch heute träume ich zuweilen, ich müßte geprüft werden und verstünde die Aufgaben nicht.

In Geschichte bei Dr. Mitsch machte mir der Unterricht riesigen Spaß. Wenn er von Hannibal erzählte, dann sah ich seine 38000 Soldaten vor mir, wie sie im Kampf gegen die Römer die Alpen überquerten und dazu noch 37 Elefanten mitführten. Das war ein Kuriosum. Die römischen Soldaten gerieten in Angst und Schrecken und riefen: „Hannibal ante portas!" (Hannibal vor den Toren!)

Mein liebstes Fach war Deutsch. Die Literatur faszinierte mich. Als wir die Jungfrau von Orleans lasen, kannte meine Begeisterung für die Heilige Johanna keine Grenzen. Über sie habe ich wohl den besten Aufsatz meines Lebens geschrieben. Er wurde mit sehr gut benotet, und ich war stolz auf meine Leistung. Aber sonderbarerweise zeigte sich in meinem Lernvermögen eine große Abhängigkeit vom jeweiligen Lehrer. Ich schrieb sehr gute Noten, wenn mich die Lehrer im Unterricht mitreißen konnten, und ich glitt in die Mittelmäßigkeit ab, wenn der zu behandelnde Stoff in langweiliger, öder Art vorgetragen wurde. Auch in Englisch, Französisch, Religion und Sozialkunde strengte ich mich mächtig an. Sie waren immer meine besten Fächer. In den naturwissenschaftlichen Fächern waren meine Leistungen aber mittelmäßig.

Auch in bezug auf die Klassengemeinschaft erlebte ich Frohes und Enttäuschendes zugleich. Dadurch, daß ich mein Christsein ernst nahm, wurde ich bei meinen Klassenkameraden zum Außenseiter. Früher war ich der Mittelpunkt und Anführer in der Klasse voller Ideen und Pläne. Nun aber fühlte ich mich ein Stück weit ausgegrenzt, weil ich an manchen Festen nicht teilnahm. Wahrscheinlich habe ich mir selbst zu enge Grenzen in meinem Christsein gesteckt. Mich hat oft die Angst beschlichen, ob ich denn in der Nachfolge Jesu treu bliebe. Dadurch verlor ich an Einfluß auf meine Mitschüler. Jedenfalls meinte ich dies. Erst nach dem Abitur sagte der eine oder andere zu mir: „Lotte, du warst uns doch ein guter Kamerad. Mit dir hätten wir Pferde stehlen können. Deine Haltung in bezug auf deinen Glauben hat uns beeindruckt." Vielleicht wäre es gut für mich gewesen, sie hätten es mir während meiner Schulzeit gesagt. Das hätte mir mehr innere Sicherheit verliehen. Ich kämpfte oft einen heißen Kampf mit mir selber. Scheiterte ich in meinem Bemühen, ehrlich und aufrichtig zu sein, dann entschuldigte ich mich auch bei meinen Lehrern, aber es blieb doch immer ein bitterer Nachgeschmack auf meiner Zunge. Wie gerne hätte ich Gott zu Gefallen gelebt und es vermieden, schlecht hinter dem Rücken der anderen zu reden oder bei Klassenarbeiten doch mal auf das Heft des Nachbarn zu schielen, wenn mir die passende Vokabel fehlte. Ein Ausspruch von Dag Hammerskjöld gibt meine Situation sehr genau wieder. In seinen Tagebuchaufzeichnungen steht folgender Satz: „Du kannst nicht spielen mit dem Tier in dir, ohne ganz Tier zu werden, nicht mit der Lüge, ohne das Recht zur Wahrheit einzubüßen, nicht mit der Grausamkeit, ohne die Zartheit des Geistes zu verlieren. Wer seinen Garten rein erhalten will, darf keinen Fleck dem Unkraut überlassen." Das klingt wie hochgradige moralische Überlegenheit. Aber schon wenige Zeilen weiter läßt Dag Hammerskjöld den vernichtenden Zusatz folgen: „Du bist dein eigener Gott und wunderst dich, daß die Wölfe dich über die Öde des Wintereises jagen."

Ja, ich hätte auch gerne einen „sauberen Garten" gehabt, aber ich habe es einfach nicht geschafft. Ich habe oft auch unter meiner vorlauten, rechthaberischen Art gelitten und war darüber nie glücklich. Aber ich habe mich an das Wort Jesu gehalten: „Kommt alle zu mir, ich will euch die Last abnehmen! Ich quäle euch nicht und sehe auf niemand herab. Stellt euch unter meine Leitung und lernt bei mir; dann findet euer Leben Erfüllung. Was ich anordne, ist gut für euch, und was ich euch zu tragen gebe, ist keine Last." (Matthäus 11,29). Dieser Lernprozeß dauert heute noch an, und ich bin froh, daß ich bei Jesus mein Leben lang Lernender bleiben darf. Und da, wo ich versage, darf ich meinen Herrn um Vergebung bitten. Ich weiß um die Angst, Gottes vernichtendes Urteil hören zu müssen, und ich bin manchmal sehr verzweifelt, aber ich begreife immer mehr, daß ich von Gottes großem Erbarmen leben darf. Er kann mich nicht loben, er vermag mich vielleicht noch nicht mal wirklich zu verändern. Mein Innerstes ist verdorben, und ich empfinde die lähmende Macht des Bösen in mir; aber Gott will sich meiner erbarmen, und darin besteht mein Glück.

15 Bilder und ein Selbstbildnis

Bei meinem Abitur habe ich in dieser Beziehung eine besonders schmerzliche Erfahrung gemacht. Ich hatte nicht damit gerechnet, daß wir am Ende unserer Schulzeit eine Zeichenmappe vorlegen müßten. Mindestens 15 Bilder, dazu noch ein Selbstbildnis, sollten darin enthalten sein. Nur wenige Wochen blieben mir. Wie sollte ich nun zu meinen „Kunstwerken" kommen, die von einer Prüfungskommission begutachtet werden sollten? Jetzt war für mich „Holland in Not". Ich geriet in Panik. Ganze Nächte saß ich vor meinem Zeichenblock und versuchte mich in dieser hohen Kunst. Wenn ich mir dann am Morgen die Bilder anschaute, schauderte mir davor. Meine jahrelange Faulenzerei rächte sich bitter. Ich war verzweifelt. In meiner Ausweglosigkeit bat ich meine Schwester, mir zu helfen. Sie hatte eine ausgesprochene Begabung für dieses Fach. Mit nur wenigen Strichen brachte sie Leben in meine Bilder und rückte die Perspektiven zurecht. Ich kann gar nicht sagen, wie dankbar ich für diese paar Federstriche und Farbtupfer war. Am Ende eines Monats hatte ich meine „Kunstwerke" einschließlich des „Selbstbildnisses" beieinander. Mir war zwar nicht ganz wohl zumute, als ich meine Mappe ablieferte, aber schließlich entschuldigte ich meinen Betrug damit, daß mir keine andere Wahl blieb. Eine Fünf im Reifezeugnis konnte ich mir nicht leisten. Mir genügte, daß ich schon in Mathematik recht wacklig stand. Was hätten mir da die guten Noten in Deutsch, Englisch, Französisch, Geschichte, Musik und Religion genützt?

Viele Wochen waren schon darüber vergangen. Längst hatte ich das Trauma des Zeichenunterrichts vergessen. Das studentische Leben in Marburg faszinierte mich. Es war an einem Abend. Wir saßen im Bibelkreis zusammen und lasen den ersten Johannesbrief. Zwei Verse wurden für mich bedeutungsvoll: „Wenn wir behaupten, ohne Schuld zu sein, so betrügen wir uns selbst, und die Wahrheit ist nicht in uns. Wenn wir aber unsere Verfehlungen eingestehen, können wir damit rechnen, daß Gott treu und gerecht ist; er wird uns dann unsere Verfehlungen vergeben und uns von aller Schuld reinigen, die wir auf uns geladen haben."

Dieses Wort von Gott traf mich und machte mir meine Unwahrhaftigkeit bewußt. Mein Gewissen klagte mich an: „Lotte, du hast betrogen." Unruhe packte mich. Plötzlich konnte ich in der darauffolgenden Nacht nicht mehr schlafen. Ich sprach mit unserem Leiter des Bibelkreises. Er riet mir, meinem Zeichenlehrer zu schreiben und alles offen darzulegen, ganz gleich, welche Konsequenzen ich zu tragen hätte. Ich habe erst lange gezögert, wußte ich doch, welche Folgen Betrug im Abitur nach sich ziehen könnte. Schließlich sagte ich mir: „Lotte, zum Schwindeln hattest du Mut, nun sei auch nicht zu feige, deine Lüge zu bekennen."

Unter viel Bangen schrieb ich meinem ehemaligen Lehrer, Herrn Bornscheuer, und erhielt postwendend Antwort: „Ich danke Ihnen für Ihr Vertrauen. Ich kann Sie sehr gut verstehen und verzeihe Ihnen von Herzen alle Verfehlungen. Über Ihre Aufrichtigkeit habe ich mich gefreut. Sie sollen nicht länger unter einem belasteten Gewissen leiden, sondern sich fröhlich Ihrem Studium widmen können. Für Ihren weiteren Weg wünsche ich Ihnen viel Erfolg und alles Gute."

Ich kann gar nicht sagen, wie glücklich mich diese wenigen Zeilen gemacht haben. Der Druck war verschwunden, weil ich wußte, ich bin mit Gott und den Menschen wieder im reinen.

Eine wunderbare Klassenfahrt

Aber es gab neben manchem Belastenden in der Schule auch viel frohes Erleben. Da waren die Klassenfahrten, die wir mit unserem Mathematiklehrer unternahmen. Mit dem Zug fuhren wir bis nach Innsbruck. Zum ersten Mal sah ich die Berge und konnte das Wunder kaum fassen. Ich wurde fast von der Schönheit und Größe des Bergmassivs erdrückt. In einer Jugendherberge waren wir untergebracht. Morgens früh zogen wir mit einem Rucksack auf dem Buckel los und stiegen die Höhen hinan. Meine Mutter hatte mir fast eine halbe Speckseite mitgegeben, denn mit Taschengeld war ich nicht besonders üppig ausgestattet. Speck und Brot, dazu frisches Quellwasser, gaben mir auf den Bergtouren Kraft. 2400 m hoch stiegen wir. Für mich war dies eine kolossale Leistung, und ich habe mich mächtig anstrengen müssen, um mit meinen Klassenkameraden Schritt zu halten. Einen besonderen Reiz übten die Schneefelder auf mich aus. Beim Abstieg rutschte ich einfach auf dem Hosenboden den Hang hinunter. Das war ein tolles Vergnügen. Abends sank ich dann todmüde ins Bett. Aber am nächsten Morgen lockte wieder die Bergwelt. Für mich war es auch mal schön, mit meinem Klassenlehrer Kontakt zu haben, ohne daß dabei die Mathematik eine Rolle spielte. Er war mir wegen meiner schlechten Leistungen fast unnahbar geworden. Ich hatte einfach Angst vor ihm und schämte mich auch wegen meines Versagens. Auf unseren Wanderungen konnten wir uns wunderbar unterhalten.

Die schneebedeckten Gipfel übten eine ungeheure Faszination auf mich aus. Immer wieder wurde ich an folgendes Lied erinnert:

„Du großer Gott, wenn ich die Welt betrachte,
die du geschaffen durch dein Allmachtswort,
wenn ich auf alle jene Wesen achte,
die du regierst und nährest fort und fort,
dann jauchzt mein Herz dir, großer Herrscher, zu:
Wie groß bist du! Wie groß bist du!"

So lernte ich das Staunen über Gottes gewaltige Schöpfermacht.

Mein Abitur

Zu meinen Mitschülern gewann ich ein immer besseres Verhältnis. Wir hatten auf diesen Klassenfahrten viel Zeit, um miteinander zu reden. Ich spürte zwar, daß ich wegen meines Christseins nicht immer verstanden wurde, aber sie achteten mich doch in meiner Beziehung zu Gott. „Eigentlich bist du zu beneiden“, gaben sie mir zu verstehen, aber ich blieb ein Außenseiter in der Klassengemeinschaft, weil ich meine Freizeit wegen der unterschiedlichen Interessen nicht mit ihnen teilen konnte. Kino, Kirmes und Klassenball waren nicht meine Welt. Meinen blinden Freundinnen opferte ich meine Zeit. Aber meine Fröhlichkeit, Entschiedenheit und mein Gottvertrauen verliehen mir doch eine positive Ausstrahlung. Morgens zum Unterrichtsbeginn sprach ich immer ein Gebet. Vor allen Dingen beim Abitur ermutigten sie mich: „Lotte, bete für uns!“ An diesem Morgen sprach ich das Gebet von Bonhoeffer:

„Von guten Mächten wunderbar geborgen
erwarten wir getrost, was kommen mag.
Gott ist mit uns am Abend und am Morgen
und ganz gewiß an jedem neuen Tag. Amen.“

In meinem mündlichen Abitur wurde ich in Französisch und Musik geprüft. Ich hatte mich gut vorbereitet und war überglücklich, als ich mein Reifezeugnis in Händen hielt.

Sogar meine Mutter war stolz auf mich, als unsere Namen in der Zeitung abgedruckt wurden. Für sie war es nämlich schwer, daß ich so lange die Schulbank drückte. Sie hätte es manchmal lieber gesehen, wenn ich ihr mehr beim Holzfahren und in der Landwirtschaft geholfen hätte. Aus ihrer Sicht war dies verständlich, denn sie hat sich schrecklich im Wald und auf dem Acker abplagen müssen.

Mein Studium der Theologie

Nun stand meine Berufswahl an. Gott wollte ich dienen, das war mein Verlangen. Marburg wurde mein Studienort. Aber zunächst brauchte ich ein Zimmer. 1955 war der Wohnraum knapp bemessen. Wie sollte ich da zu einer Studentenbude kommen? Billig sollte sie außerdem noch sein. In Marburg kannte ich keinen Menschen, an den ich mich hätte wenden können. Aber ich wußte, daß es eine Stadtmission gab. Ich betete zu Gott, sagte ihm mein Anliegen, und dann schickte ich eine Postkarte an diese Gemeinde. Drei Wochen später erhielt ich die Antwort. Ein älteres Ehepaar war bereit, mich unter ihr Dach aufzunehmen. Ich fuhr nach Marburg und suchte den Bienenweg 12. Nun stand ich vor dem großen, herrlichen Haus, das inmitten eines blühenden Gartens lag. Mir war so bang zumute. Nie, nie würde ich die Miete für ein Zimmer in solch herrlicher Wohnlage bezahlen können. Mein Vater konnte mir nur 50 DM pro Monat geben. Nein, dieses Zimmer würde ich nicht mieten können. Ich klingelte und stand ganz zaghaft an der Tür. Herr und Frau Kniese merkten wohl meine Angst und begrüßten mich besonders herzlich. Ja, sie wollten mich in ihr Haus nehmen. Ihre Tochter habe Marburg verlassen und sei nach Stuttgart verzogen. Eigentlich hätten sie nicht vorgehabt, dieses Zimmer zu vermieten. Aber nach jedem Gottesdienst habe der Prediger eine Ansage gemacht: Gläubige Theologiestudentin sucht ein preiswertes Zimmer. „Beim dritten Mal", fuhr Frau Kniese fort, „schubste ich meinen Mann an und flüsterte ihm zu: ‚Laß uns doch das junge Mädchen bei uns aufnehmen.' Sie sind uns wirklich herzlich willkommen!"

Auf meine Frage, was ich denn zahlen müßte, verlangten sie 30 Mark. Ja, diesen Betrag konnte ich aufbringen. Dann blieben mir noch 20 Mark für die Mensa. Erbsensuppe und Reis waren damals das billigste Essen und kosteten 0,50 Mark. Morgens und abends würde ich mich selbst versorgen, denn von zu Hause hatte ich einen ganzen Karton voll Lebensmittel mitgebracht: Eier, Speck, Wurst und Mehl.

Zum ersten Mal in meinem Leben würde ich ein eigenes Zimmer haben. Es war mit einem Bett, Schrank, Tisch, Stuhl und einer Kommode ausgestattet. Am Kopfende meiner Schlafstatt war ein Lämpchen angebracht. Ich kann gar nicht sagen, wie glücklich ich war. Ein Zimmer für mich ganz allein. Ich verstaute meine wenigen Sachen – wir lebten ja noch immer in großer Armut. Frau Kniese stand dabei, schubste wieder ihren Mann an und machte ihm ein Zeichen. „Fräulein Hannemann, 20 Mark für die Miete sind uns genug." Nur 20 Mark sollte ich für diese herrliche Studentenbehausung zahlen? Ich hatte in dieser Familie wunderbare Christen gefunden. Sie nahmen mich auf, als wäre ich ihr eigenes Kind. Gott meinte es unwahrscheinlich gut mit mir. Am Sonntag wurde ich immer zum Mittagessen eingeladen und durfte noch eine Freundin mitbringen. Frau Kniese kochte so gut und reichlich, daß sie das Mittagsmahl damit abschloß: „Nicht wahr, Frl. Hannemann, Sie nehmen sich der Reste an." So blieb mir noch meist für zwei Tage ein leckeres Essen im Kühlschrank. Wie oft fand ich, wenn ich nachmittags oder abends müde nach Hause kam, ein Schälchen mit Erdbeeren oder Pudding oder eine Flasche Saft auf meinem Tisch.

Zum ersten Mal kam ich auch in den Genuß eines richtigen Badezimmers. Daß Menschen mit mir ihr Bad teilten, hat mich schon verwundert. Zunächst wollte ich diese Freundlichkeit gar nicht annehmen und wies darauf hin, daß ich zufrieden sei mit meiner Waschschüssel. Aber Frau Kniese bestand darauf, daß ich vom Bad Gebrauch mache. Ich war so sparsam mit dem warmen Wasser, daß am nächsten Samstag mir der Hauswirt persönlich das Wasser in die Wanne einlaufen ließ. Nein, knausrig brauchte ich nicht mit dem Naß umzugehen. Fuhren meine Vermieter in den Urlaub, dann fand ich auf meinem Tisch einen Zettel: „Bitte, Fräulein Hannemann, essen Sie die Reste in der Speisekammer und im Kühlschrank auf. Es wäre schade, wenn sie verdürben." Ich gewann den Eindruck, daß so manche Köstlichkeit extra für mich eingekauft worden war. Mir ist es nie besser gegangen als zu dieser Zeit. Diese beiden altgewordenen Christen waren wunderbare Menschen. Kam ich abends vom Seminar oder von einer Veranstaltung der Studentenmission nach Hause, dann durfte ich immer noch einmal zu ihnen ins Wohnzimmer reinschauen. Es hat mir gut getan, daß sie sich danach erkundigten, wie es mir denn heute ergangen sei. Meine Prüfungstermine waren ihnen bekannt, und ich war ihnen dankbar, wenn sie für mich beteten. Es war schon fast zur Normalität geworden, daß wir abends vor dem Schlafengehen noch ein Kapitel in der Bibel lasen und miteinander durch das Reden mit Gott den Tag beschlossen. In herzlicher Dankbarkeit erinnere ich mich an meine ersten Hauseltern und Vermieter.

Natürlich versuchte ich mich dankbar zu erzeigen. So fütterte ich oft ihre Hühner, pflückte die Beeren und säuberte die Gartenbeete. Ich war ja in einer kleinen landwirtschaftlichen Nebenerwerbsstelle groß geworden, und mir waren solche Arbeiten gut bekannt und machten mir zudem Spaß.

Knieses wurden mir zu guten Freunden, und ich konnte ihnen alles anvertrauen. Als ich mich in einen Studenten verliebte, waren sie die ersten, die davon erfuhren. Ich fühlte mich nie alleingelassen und blieb so vor Heimweh bewahrt.

Die Studentenmission

In Marburg schloß ich mich der Studentenmission an. Es war Dr. Laubach, der mich in meine neue Aufgabe einwies. Er war damals Reisesekretär und besuchte die einzelnen Gruppen an den Universitäten. An einem Wochenende nahm er mich nach der Bibelarbeit beiseite: „Fräulein Hannemann, Sie sind für die jungen Mädchen in diesem Kreis verantwortlich. Noch sind es sehr wenige, aber vor Ihnen liegt ein großes Aufgabenfeld. Sie kennen Jesus, nehmen Sie sich der Studentinnen an. Beten Sie, Gott möge Ihnen einzelne Studentinnen aufs Herz legen. Laden Sie sie in die Veranstaltungen ein, damit sie das Wort von Gott hören können. Sprechen Sie mit ihnen über den Glauben an Jesus, und wenn sie Christ geworden sind, dann ist die Nachbetreuung unbedingt wichtig. Begleiten Sie die jungen Menschen auf dem Weg der Nachfolge, indem Sie täglich mit ihnen einen Abschnitt aus dem Johannesevangelium lesen und mit ihnen beten. Vor allen Dingen sorgen Sie, daß sie Anschluß an die Studentenmission gewinnen und sie sich selber dafür einsetzen, daß ihre Kommilitoninnen auch zu Jesus eingeladen werden. Unser Auftrag von Gott ist, die studentische Jugend zu Christus zu führen. Sie werden nämlich später wichtige Positionen in Staat und Gesellschaft einnehmen. Es ist unser Auftrag von Jesus, daß Menschen mit Gott versöhnt leben können und in den Himmel kommen."

Dies war eine klare und dringliche Anweisung. Ich habe diesen Rat befolgt und war erstaunt, wie wunderbar er in Erfüllung ging.

Morgens von sieben bis acht Uhr fand die Griechischvorlesung statt. Neben mir saß eine Theologiestudentin aus der Lüneburger Heide. Sie litt schrecklich unter Heimweh. Wir freundeten uns an, besuchten den Gottesdienst in der Stadtmission und gingen anschließend zu Knieses zum Mittagessen. Einmal wagten wir in unserer Gruppe einen besonderen missionarischen Vorstoß. Wir luden Pfarrer Erich Schnepel aus Großalmerode zu einem Vortrag ein. Meinen Zehnten, das war der zehnte Teil meines Studiengeldes, hatte ich mir über einige Monate aufgespart und gab ihn bereitwillig, damit wir einen Hörsaal mieten konnten. Die Botschaft des Evangeliums erreichte auch meine Freundin. Sie hörte den Ruf Jesu und ging in die Sprechstunde von Pfarrer Schnepel, der im Kurhotel untergebracht war. Ich war wohl der glücklichste Mensch, als Traute ihre Entscheidung für Christus traf. Heute ist Traute Pfarrerin in Norddeutschland. Gott hatte überraschend schnell auf mein Beten geantwortet. Das gab mir Mut, für weitere Studentinnen zu beten, und auch im zweiten Semester ereignete sich das Bekehrungswunder, als ich eine Studentin für Alte Sprachen zu einer Freizeit einlud und sie auch zum Glauben an Jesus kam. Ich war immer sehr eifrig im Einladen und gewann den Eindruck, daß einige fast Angst vor meinem missionarischen Tun bekamen. Sicher habe ich auch manchen Fehler gemacht und war vielleicht zu impulsiv. Später wurde ich behutsamer, aber die Freude, Menschen für Jesus zu gewinnen, ist mir bis heute eigen. Wer der Glut des Evangeliums zu nahe gekommen ist, muß davon reden, daß Jesus neues Leben schenken will.

Der Partner fürs Leben

In mein erstes Semester fiel ein Ereignis, das mein Leben in eine andere Bahn lenkte. Davon könnte ich immer wieder erzählen, weil es mich so froh gemacht hat. Ich erinnere mich noch, als wäre es heute gewesen. Es war ein sonniger, schöner Tag im Mai. Vor der Universität stand eine alte große Linde, um ihren Stamm war eine Bank gebaut. Auf ihr hatte ich es mir bequem gemacht und versuchte, einige Verse aus dem Buch Josua vom Hebräischen ins Deutsche zu übersetzen. Es war eine mühevolle Plagerei. Die Sätze wollten sich einfach nicht aneinanderreihen lassen.

Neben mir saß ein junger Mann. Er war mir schon mal im Studentenbibelkreis begegnet. Er schien mich zu beobachten, denn plötzlich sprach er mich an: „Na, haben Sie Schwierigkeiten mit dem hebräischen Text? Kann ich Ihnen helfen?"

Für diesen Studenten aus dem höheren Semester war das Kapitel aus Josua überhaupt nicht schwer. Er übersetzte mir die Verse fließend herunter und fügte noch hinzu: „Sollten Sie wieder einmal mit einem Abschnitt nicht zurandekommen, ich helfe Ihnen gern."

Dieses Angebot nahm ich natürlich gerne an. So traf ich mich fast regelmäßig mit diesem jungen Theologen in den Räumen der Studentenmission und übersetzte mit ihm Hebräisch. Ich wurde regelrecht in Hebräisch getrimmt. Jeden Tag kam ein neues Kapitel an die Reihe. Mir war das nur recht, denn ich wollte doch unbedingt die Prüfung schaffen. Fragte ich, was ich denn für die Nachhilfe bezahlen müßte, dann wehrte er ab und meinte: „Das können wir später klären."

Am 25. Juli war der Termin für die schriftliche Arbeit. Am Tag davor sollte noch einmal das Wichtigste wiederholt werden. Aber daraus wurde nichts. Ich saß dem Theologiestudenten gegenüber und fiel wie aus allen Wolken, als er zaghaft die Frage über die Lippen brachte: „Ich habe den Eindruck, Fräulein Hannemann, Gott hat uns beide zusammengeführt. Wollen Sie nicht meine Frau werden?"

In unsere Eheringe ließen wir später das Datum des 24.07.1955 eingravieren und das Wort, das wir uns für unseren gemeinsamen Lebensweg von Gott erbeten hatten: „Es sollen wohl Berge weichen und Hügel hinfallen, aber meine Gnade soll nicht von dir weichen und der Bund meines Friedens nicht hinfallen."

Daß ich am nächsten Tag, ganz zum Erstaunen der anderen Examenskandidaten, fröhlich und unbekümmert zur Prüfung erschien, muß ich sicherlich nicht erwähnen. Ich wußte ja: Falls ich durch das Examen fallen würde, ist es nicht so schlimm, ich heirate sowieso. Aber ich habe die Prüfung gut geschafft. Nach fünf Semestern wurde ich durch meine Heirat mit Karl-Heinz Bormuth von der Studentin zur Hausfrau umfunktioniert. Mein Mann war schon lange mit seinem Studium fertig und unterrichtete an einem Gymnasium Englisch und Religion.

Unser gemeinsamer Lebensweg begann sehr armselig. An irdischen Gütern hatten wir beide nicht viel zu bieten. Aber ich hatte neben meinem Studium noch in einer Filiale der Francke-Buchhandlung für eine Mark Stundenlohn gearbeitet und mir etwas Geld für die Aussteuer verdient. Es war ein Aushilfsjob. Morgens hackte ich Kleinholz und schürte die Öfen. Ich reinigte den Laden und trug Zeitschriften aus. Wenn viel Kundschaft da war, durfte ich auch verkaufen. Die Vorweihnachtszeit war für mich ein Höhepunkt. Ich hatte zwar keine große Ahnung, aber ich kannte für junge und alte Leute, für Kinder und Jugendliche einige Bücher, und die pries ich mit großem Erfolg an. Ich konnte meine Kunden für Bücher begeistern und habe tüchtig verkauft. Oft wollten die Leute nur ein Buch erstehen, aber mit sieben gingen sie aus dem Laden. Die anderen Mitarbeiter schätzten mich, weil ich zu jeder Arbeit bereit war. An dieser Haltung hat sich bis heute bei mir nichts geändert, denn ich hatte schon zu Hause als junger Mensch gelernt zuzupacken, wo ich gebraucht wurde. Arbeit schändet nicht, heißt meine Devise. Heute muß ich schmunzeln, wenn ich an die Zeit in der Buchhandlung denke, denn im Verlag der Francke-Buchhandlung veröffentliche ich meine Bücher. So ändern sich die Zeiten, und wir mit ihnen.

Aber eigentlich wollte ich von der Hochzeit erzählen und bin etwas abgeschweift. Unsere Trauung fand im kleinen Rahmen am 22. Juni 1957 statt. Nur unsere allernächsten Angehörigen nahmen daran teil. Pfarrer Theo Schnepel traute uns in den Räumen der Landeskirchlichen Gemeinschaft. Ich war so aufgeregt, daß ich nur den Trautext aus Jesaja 54,10 behalten habe. Von der Predigt weiß ich kein Wort mehr. Dieses Wort von Gottes wunderbarer Gnade ist in all den über vierzig Jahren unserer Ehe mit mir gegangen. Und wenn ich nach meinem Lieblingslied gefragt würde, dann wäre es auch ein Lied von der Gnade:

„Gnade, die Jesus uns zugewandt,
die unsere Schuld und Sünde bedeckt,
strömet von Golgatha weit ins Land,
dort hat mein Heiland den Tod geschmeckt.

Hoffnungslos, trostlos und arm bist du,
einsam, von kalten Wogen umtost.
Hier ist die Hilfe, so greif doch zu!
Jesus gibt Zuflucht, gibt echten Trost.

Flecken der Sünde, tief eingebrannt,
was wäscht sie weg, vertilgt ihre Spur?

Sieh, Jesu Blut wird dir heut genannt,
hier ist die Rettung, die Hilfe nur.

Jesus, er starb doch an deiner Statt,
darum kann Gott auch dir verzeihn;
nichts anderes macht deine Seele satt!
Willst du nicht heute begnadigt sein?

Refrain: Gnade, Gnade, Gnade vergibt dir und reiniget dich,
Gottes Gnade bringt die Errettung für dich und für mich."

An Hochzeitsreise oder dergleichen Freuden war nicht zu denken. Das Referendargehalt betrug monatlich 348 DM. 100 DM bezahlten wir an Miete für unser kleines Heim hoch unterm Dach an meine Schwiegermutter. Wir hatten uns die kleine Puppenstubenwohnung mit einem Bekannten zusammen hübsch renoviert und mit gebrauchten Möbeln eingerichtet. Kühlschrank und Elektroherd kauften wir von meinem Ersparten. Dazu noch etwas Bettwäsche. Es war ein bescheidener, ja dürftiger Anfang, und doch auch wieder eine bewegende, schöne Zeit. Wir wußten uns von Gott zusammengeführt, und so hat mich nie in meiner Ehe die Angst überfallen, unsere Beziehung könnte gefährdet sein.

Unser Glück war vollkommen, als am 29. März 1958 unsere Tochter geboren wurde. Es war eine schwierige Geburt. Als mein Mann zu mir in den Kreißsaal kam, stammelte ich, noch mitgenommen von den Strapazen: „Karl-Heinz, ein hübsches kleines Mädchen ist geboren, aber es war furchtbar. Nie mehr will ich ein Kind." Danach folgten noch vier Söhne. Jedes meiner Kinder nahm ich aus Gottes guter Hand an.

An der Stelle möchte ich meine Biographie beenden, denn was ich in meiner Ehe und in meinem Dienstauftrag erlebt habe, das ist in meinen anderen Büchern nachzulesen, die zum Teil sogar zu Bestsellern wurden.

Es war die große Liebe Gottes, die mich von allen Seiten umgab. Reich ist mein Dasein geworden, sehr reich sogar, wenn es auch nicht an Not und Anfechtung gefehlt hat. Heute bin ich 65 Jahre und kann nur staunen. Wenn ich gefragt würde, was mich in meinem Leben am meisten beeindruckt hat, dann kann ich nur sagen: Gottes großes Erbarmen und seine Freundlichkeit. Wieviel wunderbare Menschen hat er mir an meine Seite gestellt. Natürlich hat es auch nicht an bösen Menschen gefehlt. Sie gaben mir aber die Chance, sie im Namen Jesu zu segnen. Am allermeisten aber freue ich mich, daß ich einen Partner an meiner Seite habe, mit dem ich eins sein darf in guten wie in schlechten Tagen. Wir sind zwar ein sehr ungleiches Paar, ergänzen uns aber auf wunderbare Weise. Es ist die Liebe Gottes, die uns miteinander verbindet und unsere Ehe reich gesegnet hat. Zu unseren fünf Kindern kommen noch drei Schwiegerkinder und acht Enkel. Wir sind sicher keine ideale Familie und wissen auch um Konflikte, aber wir nehmen einander an, wie Christus uns angenommen hat. Das macht unsere Tage froh und erwartungsvoll. Das Leben ist so einmalig und einzigartig, ich kann wirklich nur staunen.

Die Großeltern Hannemann

Mein Vater:
Albert Hannemann

Meine Mutter:
Else Hannemann,
geb. Ohlhausen

Die Großeltern Ohlhausen

Sommer-
urlaub am
Schwarzen
Meer

Meine Eltern vor dem landwirtschaftlichen Institut in Bessarabien

Meine Mutter in Tracht

Haus meiner Großeltern in Bessarabien

Mit meinen Schwestern
im Warthegau

Im Lager Römerstadt
im Warthegau

Unser Ententeich im Warthegau

Mein Vater und unsere Pferde, die uns auf unserer Flucht das Leben retteten

Als Schülerin

Meine Konfirmation *(untere Reihe, 2. von links)*

Unsere Familie in Breitenbach

Unsere Kuh, ein Geschenk von amerikanischen Christen

Nach bestandenem Abitur 1955 *(untere Reihe, 3. von links)*

Auf Klassenfahrt *(3. von links)*

Meine Schwester Lilli in Breitenbach

Hochzeitsbild
1957

Marburger Hochschulgruppe
der Studentenmission 1955

Als Verlobte 1956

Mein erstes
Kind 1958

Unsere junge Familie

Unsere fünf Kinder 1981